Mensajes Bíblicos Revelados

Algunas de las grandes explicaciones del siglo XXI

José Luis Rodríguez Calderón

BALBOA.PRESS

A DIVISION OF HAY HOUSE

Puede hacer pedidos de libros de Balboa Press en librerías o poniéndose en contacto con:

Balboa Press
A Division of Hay House
1663 Liberty Drive
Bloomington, IN 47403
www.balboapress.com
844-682-1282

ISBN: 979-8-7652-3213-2 (tapa blanda)
ISBN: 979-8-7652-3214-9 (libro electrónico)

Fecha de revisión de Balboa Press: 08/26/2022

Índice

Prólogo

¡Que el Todopoderoso Dios de Israel y de todos los gentiles que en Él creemos, y le amamos, les bendiga rica y abundantemente! ¡Que nuestro Creador también bendiga a todos los que leen esta información!

Por cuanto hay tanta discrepancia en el pueblo religioso, Dios me ayudó a ponerte en orden esta información, oh mi muy amada y excelentísima Iglesia de Dios "El Tercer Día". Es mi oración a Dios, que cuando llegues al final de este material te sientas satisfecho(a) de haber recibido algo importante; y que sientas un mayor interés de escudriñar las Sagradas Escrituras.

"Mensajes Bíblicos Revelados" no significa que aquí se descubren todos los mensajes que contiene la Biblia, sino que se presentan algunos de aquellos que Dios quiere que sean expuestos con claridad. La presentación de todos los mensajes la encontramos en las Sagradas Escrituras[1] desde que fue escrita; pero Dios concede que solamente aquellos quienes preparan su corazón para escudriñar la Palabra puedan encontrarle explicaciones a los asuntos que Él quiso encubrir por mucho tiempo.

La razón del título de este nuevo volumen quedó sugerida en el librito "Iglesia de Dios "El Tercer Día": *Church of God "The Third Day"* (Búsquelo en eltercerdia. org)[2]. El último capitulito que comienza en la página 137 habla de "Los Tres Días"; y el contenido de ese capítulo implícitamente hace pensar que es una de las grandes explicaciones dadas en este siglo.

Este libro hace mucha referencia al trabajo anterior, debido a la importancia de su contenido. Si le molesta leer repeticiones, no lo lea; porque de una manera similar a los cuatro evangelios aceptados, muchos términos, nombres e ideas se repiten, y se repiten.

Aquí encuentra un resumen impresionante de varios asuntos nunca antes manifestados de esta manera. Entre ellos, la relación de Juan el Bautista con Jesús, el llamamiento de los doce apóstoles, y todo lo sugerido en el Índice. En definitiva, esta información es excelente para el tiempo presente.

Nuestro Creador se conserva el derecho de darle a su pueblo entendimiento de las verdades que han permanecido misteriosas y ocultas. Hasta el momento, ya le ha otorgado grandes revelaciones a muchas personas (1 Corintios 2: 7,10); y las continuará revelando cada vez que él sabe que es hora de que su pueblo logre entender otros de los mensajes que dejó oculto en su Santa Palabra.[1]

Dios me hace sentir que las ideas presentadas en ese libro van a ser aceptadas por su pueblo después de algún tiempo; y otros dirán que son locuras, porque son críticos naturales y no espirituales (2 Corintios 2:14). Mientras que por un lado, las nuevas nociones sean siempre rechazadas por algunos, por otro lado, otros las aceptarán tarde que temprano; y tal vez, todavía otros querrán decir que Dios se las mostró e ellos primero.

Más adelante presento un resumen de las concepciones que justifican el título de Mensajes Bíblicos Revelados. Sin embargo, antes de entrar al meollo del tema, Dios me motiva a presentar otros asuntos y opiniones personales. Algunos de los comentarios tienen el potencial de pertenecer a la sección que habla de las grandes manifestaciones, y de ayudar a los creyentes en general.

¡Gloria a Dios!

---

[1] ¡Véanse los últimos cuatro parrafitos de la sección que habla de algunas de las grandes manifestaciones del siglo veintiuno!

¿Profeta o no profeta?

Dios esperó hasta principios del siglo XX1 para mostrarle otros de sus muchos secretos a su pueblo adorador.

"Porque no hará nada Jehová el Señor, sin que revele su secreto a sus siervos los profetas." (Amós 3:7).

"Gloria de Dios es encubrir un asunto; pero honra del rey es escudriñarlo" (Proverbios 25:2).

"Pero hay un Dios en los cielos, el cual revela los misterios…" (Daniel 2:28).

"Y a mí me ha sido revelado este misterio, no porque en mí haya más sabiduría que en todos los vivientes, sino para que se dé a conocer al rey la interpretación,…" (Daniel 2:30).

"Porque nada hay oculto, que no haya de ser manifestado; ni escondido, que no haya de ser conocido, y salir a la luz" (Marcos 4:22; Lucas 8:17; 12:2).

"...Yo te alabo, oh Padre, Señor del cielo y de la tierra, porque escondiste estas cosas de los sabios y entendidos, y las has revelado a los niños, porque así te agradó" (Mateo 11:25,26; Lucas 10:21).

En esta ocasión, Dios no se lo reveló al papa de Roma, ni se lo mostró a ninguno de los grandes líderes de los más renombrados concilios, sino a un hermanito casi no conocido. Se lo reveló a su siervo José Luis Rodríguez Calderón, Alias "Chegüi", el nacido y criado en el sector Río Chiquito del Barrio Pitahaya de Luquillo, Puerto Rico. Es conveniente ser así de específico, porque hay muchos quienes tienen el mismo nombre; y según ya quedó sugerido, es posible que alguno quiera llevarse el crédito de los hallazgos presentados en este escrito.

Pero alguno dirá: ¿Chegüi? Yo conozco a Chegüi; y él no es un profeta.

Y Chegüi responderá: ¿Qué es lo que define a un profeta? ¿No puede un cristiano común de vez en cuando dar una profecía? ¡Claro que sí! Alguien sugirió que cuando predicamos la Palabra, profetizamos, porque la Biblia es profética.

Le puedo decir, que cuando comencé a dar clases en el Instituto Teológico Hispanoamericano en el 2007, le conté un sueño a todos los diferentes grupos de estudiantes que pasaron por las clases. El sueño fue alarmante; y por eso lo relaté. Según el sueño, mi cuñado Israel de Jesús Delgado – un hombre ya muerto desde el 1995 – se me apareció en sueños en el 2007; y me dijo: "Chegüi, dile a las familias que se unan, porque va haber mucha gente sin trabajo."

Quiero que quede claro que no es que estoy diciendo que creo que los muertos tienen la habilidad de comunicarse con los vivos. Más bien, creo que Dios usó el recuerdo de alguien lo suficientemente familiar como para que el mensaje me fuera comunicado.

Pienso, y disculpen mi ingenuidad, que mi cuñado se fue al cielo debiéndome una disculpa. Como se murió sin disculparse, Dios le ordenó que me recompensara con un mensaje profético.

¿Qué me debía don Israel?

Bueno, compartíamos el mismo buzón donde recibíamos las cartas. Un día logré ser el que sacó las cartas del buzón; y una carta que era para el pastor y reverendo Israel de Jesús Delgado, estaba abierta (el sobre donde le enviaron alguna interesante información, estaba abierto). Le entregué las cartas a mi hermana Ludín (su esposa), y le dije que no creyera que yo abrí el sobre, porque este estaba abierto dentro del buzón.

Cuando llegó Israel, escuché desde la calle su voz alterada. Él no se persuadía de que el sobre ya estaba abierto. Bueno, yo no lo abrí, y Dios lo sabe. Por eso le dijo a Israel en el cielo, le debes a José Luis una disculpa, porque creíste que él abrió el sobre; y él no lo hizo. ¡Ve y llévale un mensaje profético!

Fue entonces que "el difunto Israel" me dio el mensaje que relato a continuación.

¡Recuerde que le dije que disculpe mi ingenuidad!

¿Me ha disculpado?

¡Gracias!

Al despertar, le conté el sueño a mi esposa; porque el mensaje que recibí fue apremiante. Me invitaron en esos días a predicar en una iglesia en Sanford, NC, en la iglesia del reverendo Ricardo y Nereida Quiñonez; y allí hablé del sueño.

Les dije: "No sé si es aquí en los Estados Unidos, o si es en Puerto Rico, porque soy puertorriqueño; pero sé que se va a cumplir. Mi cuñado muerto me dijo: "Dile a las familias que se unan, porque va a ver mucha gente sin trabajo."

No sé si me hicieron caso, y no sé si recuerdan, pero algunos de las familias sí se acuerdan, porque lo enfaticé mucho donde quiera y con quien fuera que hablara. ¿Qué ocurrió?

Sucedió que en el 2019 comenzó el asunto del Covid-19; y mucha gente se quedó sin empleo. Observe, o note usted, que transcurrieron unos doce años desde que tuve el sueño hasta que literalmente se cumplió.

¿Me hace eso ser un profeta?

¡No!

Aprendí que una persona puede dar alguna profecía que se cumpla, pero eso no lo hace ser un profeta.

No puedo decir que soy un profeta porque dije que algo sucedería y se cumplió; y no me paso profetizando continuamente, como hacen los verdaderos profetas. Este siervito que está aquí, no predica, ni ayuna frecuentemente. Lo que hago es que oro según mis fuerzas, o de acuerdo como me ayuda el Espíritu. Créame que nadie se emocionaría, si me oye orando.

Un amigo me dijo un día: "Le hiciste una oración telegrama al Señor."

Aunque quisiera orar más, les confieso que cuando era un recién convertido oraba muchísimo más y con más energías, pues era un hombre joven. Ahora procuro no pasar hambre porque me preocupa, siendo que sufrí unos problemas con gases internos que por poco me matan por estar ayunando.

Decir, o tan siquiera insinuar que soy un profeta, esté eso lejos de mí. Sí, sé que me han sucedido cosas raras; quizás más extrañas que las que han experimentado muchas personas, pero muy comunes entre las personas que amamos a Dios con todo nuestro corazón.

¡Un día vi la figura del Señor en el cielo! El cielo estaba despejado y bien claro. El Señor estaba de pie con sus brazos abiertos. Ya relaté esta experiencia en otro de mis libros; y allí di los detalles de esta maravillosa visión. No quiero repetir cada punto aquí, pero es necesario que diga a cerca de aquella visión o experiencia de la manifestación de una teofanía, pues esta experiencia es indicativa de que Dios me escoge para revelarme asuntos que muchas personas jamás podrán ver en esta vida.

¿Me hace eso ser un profeta de Dios?

¡No!

Pero Dios me revela cosas maravillosas y me defiende ante la naturaleza física, ante la naturaleza espiritual y ante otras personas cada vez que esto es necesario.

Un día, un tornado amenazaba con llevarnos la casa. El granizo comenzó a caer y a romper las flores. Estaba bien obscuro y ventoso. Al darme cuenta que el tornado amenazaba, el Espíritu me impulsó a salir de la casa.

Mi esposa me dijo: "¿Estás loco? ¡No salgas!"

Pero impulsado por el poder de Dios, abrí la puerta del frente de la casa; y salí. Luego levanté mis brazos; y mirando al cielo le pregunté al Creador: Señor, ¿es así como voy a morir?

¡Había que estar ahí para creerlo! ¡Instantáneamente todo se paralizó! Se abrió un círculo de luz en el centro del cielo; y el tornado se disipó.

¿Me hace eso ser un profeta de Dios?

¡No!

Pero de algo estoy bien seguro. El Señor le dijo al diablo, o a la naturaleza, o a lo que fuera responsable del tornado, que yo tenía razón, que así no era como iba a morir. Dios dio la orden, y todo se disipó.

¡Gloria a Dios!

Otro día, en mi empleo, ya llevaba como tres horas corridas trabajando sin parar; y me dio mucha sed. Le pedí permiso a mi jefe para salir un momentito del laboratorio a tomar agua, pero él no quiso dejarme ir. Me instruyó a esperar un rato más. Sentí que era abuso de autoridad, porque no había algo apremiante que justificara el que no pudiera ir a tomar agua en el momento.

Estaba sufriendo ese abuso, cuando de repente se fue la luz en el edificio, sonó una alarma y todos los empleados tuvimos que salir rápidamente. Nos dijeron que una máquina de construcción había averiado unos cables eléctricos cerca del edificio de manufactura donde trabajábamos.

Le dije al jefe: "Usted no me quería dejar salir a tomar agua, y mire lo que ha pasado, el receso que necesitaba de sólo diez minutos, ya ha durado varias horas."

¡Él se observaba como asustado!

¿Me cataloga eso como un profeta de Dios?

Creo que no.

Pero mi jefe me comenzó a tratar con más respeto desde ese día en adelante; y hasta me promovió al poco tiempo, con un abrazo y todo.

Últimamente, después de graduarme del cuarto año o de "Advanced Ministerial Studies" del Instituto Teológico Hispanoamericano el 14 de mayo de 2022, me he puesto bastante "criticón", pues todo lo que escucho lo comparo con lo aprendido. No es que no acepte nuevas ideas, o mejores explicaciones a los pasajes obscuros que contiene la Biblia. Lo que sucede, es que lo que escucho necesita estar en armonía con lo que nos enseñan las Sagradas Escrituras.

Les exhorto a los lectores que hagan lo mismo con lo que leen o escuchan. Juzgue usted mismo(a) si lo que se le instruye hacer, o si el mensaje que le llega es respaldado por la Palabra, o si no lo es. ¡Créame que no hay pecado en eso!

Entre otras cosas, lo que decían mis abuelos y mis padres, aplica también a las religiones del mundo. Ellos decían: "El que no tiene Dinga, tiene Mandinga".

Nos aferramos a que nuestra religión es mejor que la de los demás. Sin embargo, un estudio concientizado de las diferentes religiones nos ayuda a desechar lo negativo y ver lo positivo o favorable que otras religiones contienen.

Así, por ejemplo, el catolicismo explica mejor que muchas otras religiones el asunto del diezmo.

¡Ay de los pastores quienes exigen el diezmo del pueblo y no lo usan para ayudar a los pobres, sino para su propio bienestar únicamente! Pienso que dentro de todas las profesiones, la de los pastores y la de los evangelistas representan las más peligrosas. Son peligrosas porque tenemos evidencias de que muchos están envueltos en escándalos. Engañan a la gente diciéndoles que demuestren su fe en Dios sembrando una "semilla". Muchas personas ignorantes se dejan engañar y hasta se endeudan, como sucedió recientemente en Nigeria. ¡Qué vergüenza para el evangelio! Les exhorto que asimilemos la enseñanza de los católicos a cerca del diezmo y aprendamos de ellos, antes que estemos frente a la presencia de Dios y escuchemos que se nos diga: "Nunca os conocí; apartaos de mí, hacedores de maldad" (Mateo 7:23).

¡Aprendamos de los católicos! Seamos tan reverentes como lo son ellos cuando entremos al edificio de adoración.

¡Aprendamos de los adventistas! Los adventistas explican mejor el día de descanso que muchas otras religiones.

Voluntariamente necesitamos escoger la verdad, aunque nos duela. Necesitamos entender que en definitiva saldremos mucho mejor manteniéndonos humildes, como lo fue Juan el Bautista a quien no le importó menguar. Él estuvo bien conforme con que fuera Jesús quien creciera (Juan 3:30).

En la práctica, el mundo religioso se parece mucho al mundo político. En el mundo político, los que quieren crecer en su partido se someten en alma y cuerpo a obedecer y practicar lo que se les enseña. Muchos que retan los principios de su partido son expulsados por sus líderes; y por eso, otros no se atreven llevarle la contraria a su líder político. ¿No da eso vergüenza? Es triste ver personas tan inteligentes "esclavizadas" en el partido político al cual pertenecen.

En el mundo religioso, los creyentes debemos también escoger si nos atreveremos retar o no lo que nos enseña la religión a la cual pertenecemos. Los que anhelan ser ministros pentecostales, por ejemplo, no se atreven enseñar algo que vaya en contra de lo que establece su denominación, porque si lo hacen, los líderes no les permitirán "crecer".

¿Qué necesitan estos? Estos necesitan el espíritu de Juan el Bautista, si quieren en verdad obedecerle fielmente a Dios para llegar a recibir una buena recompensa en el cielo. Necesitan llamar al pecado, pecado, con determinación; aunque eso los haga menguar. Vale la pena arriesgarse, siempre y cuando que Cristo sea el exaltado.

Los que no anhelamos llegar a ser ministros (como en mi caso, que lo que quiero es llegar a ser un buen escritor) necesitamos además de lo anterior, ser imparciales con todas las religiones y encomiarles todo lo bueno que practican, especialmente con lo que armonice con la preciosa Palabra de Dios. ¿Qué nos puede suceder, si siendo pentecostales, decimos que los adventistas enseñan mejor cuál es el verdadero día de reposo? ¿Que no compren nuestros libros? Pues que no los compren. Si tenemos que morir pobre, morimos pobre, pero satisfechos de que nos atrevimos hacer la voluntad de nuestro Padre Celestial.

¿Qué nos puede suceder, si siendo miembros de las Asambleas de Dios, decimos que los católicos enseñan mejor el asunto del diezmo que los protestantes? ¿Qué no nos permitan crecer en las Asambleas? Pues que no nos permitan crecer. Lo importante es que crezca Cristo. Aquí está la advertencia para quienes quieran ser líderes de estas denominaciones. Estos deben cuidarse mucho en el área financiera, no sea que "se les suban los humos" por recibir del pueblo diezmos y ofrendas; y se olviden de usar esos ingresos para ayudar a los pobres. Si no lo hacen, lo que les espera es triste.

Sé que los hermanos católicos no me apoyarán con la venta y distribución de este libro. Aquí dije que no fue cuando Jesús nació de la mujer María que se presenta a la segunda persona de la Trinidad como el Hijo de Dios, sino cuando ocurrió el acto de la creación de las cosas físicas. Mis hermanos católicos entienden que la Biblia dice en Juan 19:26 "Cuando Jesús vio a su madre, y al discípulo a quien él amaba, que estaba presente, dijo a su madre: Mujer, he ahí tu hijo." El problema está en que todavía hable de María usando el término "mujer", demostrando que no abrazo el misterio de la Asunción de María; y que no digo que ella es la Madre de Dios.

Comentario acerca de la paciencia

Escuchamos maestros y predicadores diciendo: "No le pidamos a Dios paciencia, porque si le pedimos paciencia, nos van a venir pruebas."

¡No estoy de acuerdo con tal instrucción!

¿Por qué no estoy de acuerdo?

En primer lugar, la paciencia es aquella virtud que nos ayuda a esperar las cosas con resignación. La paciencia es una de las virtudes que componen el fruto del Espíritu (Gálatas 5:22). Si alguno no necesita paciencia, que no la pida. Pero no aconseje a los demás que no la pidan, porque muchos la necesitamos en gran manera.

En segundo lugar, alguien dijo que la paciencia es aquello que nos hace sufrir, pero no nos mata. Estoy muy de acuerdo con los que enseñan eso, siendo que está en armonía con las referencias bíblicas que hablan de la paciencia.

¿Cómo nos va a indicar que no pidamos paciencia, si la necesitamos para poder llegar a recibir lo que le pedimos a nuestro Padre celestial?

El salmista nos declara: "Pacientemente esperé a Jehová, se inclinó a mí y oyó mi clamor" (Salmo 40:1).

En Romanos 5:3 leemos: "…nos gloriamos en las tribulaciones, sabiendo que la tribulación produce paciencia;"

En Romanos 8:25 el apóstol Pablo nos indica: "Pero si esperamos lo que no vemos, con paciencia lo aguardamos."

¿Cuántos esperamos el retorno de nuestro Señor Jesucristo? Si nos sentimos impacientes de vez en cuando, pidamos paciencia con confianza porque la necesitamos. Un artista cristiano se sentía que no podía esperar más; y escribió un hermoso cántico, parte del cual dice:

¡Ay, ojalá que hoy mismo fuera su venida!
¡Ojalá que hoy viniera el Salvador!
Y que las puertas de los cielos sean abiertas
Y que yo viera con mis ojos al Señor

¿Para qué seguir viviendo en este mundo de maldad?
Si Cristo tarda más ¿Qué nos haremos?
Bendito Dios, no tardes másY a Jesucristo envíalo ya
Que el venga a levantar su pueblo

Podemos observar que el autor (o la autora) del himno se sentía desesperado, y posiblemente sufriendo muchas pruebas. Posiblemente observaba las injusticias que ofrece la vida. Esta persona (no sé si fue hombre o mujer) necesitaba pedirle paciencia a Dios "a gritos", como decimos en Puerto Rico.

El hecho de que este himno de adoración fuera tan popular en Puerto Rico con las personas de su tiempo, es un indicativo de que muchos cristianos se sienten desesperados esperando el retorno de nuestro Señor Jesucristo. ¡Pero tenemos la Palabra de Dios saliendo a nuestro rescate con excelentes consejos!

Observemos que pedirle a Dios paciencia es algo muy bueno. Entendamos que no porque le pidamos a Dios paciencia nos van a venir más pruebas. Las pruebas nos llegarán, pidámosle a Dios paciencia, o no la pidamos. Dios sabe que la necesitamos; y no nos va a dar más pruebas que las que él sabe que podemos soportar.

¿Por qué Dios nos permite las pruebas? Una de las razones por las que Dios nos permite las pruebas, es porque Él quiere que maduremos. Santiago 1:4 nos dice: "Mas tenga la paciencia su obra completa, para que seáis perfectos y cabales, sin que os falte cosa alguna." Podemos interpretar de Santiago 1:4 que no es sino hasta que la persona demuestra que tiene paciencia, que esa persona logra alcanzar la madurez.

Hebreos 12:1 nos dice: "Por tanto, nosotros también, teniendo en derredor nuestro tan grande nube de testigos, despojémonos de todo peso y del pecado que nos asedia, y corramos con paciencia la carrera que tenemos por delante."

Santiago 5:8 nos dice: "Tened también vosotros paciencia y afirmad vuestros corazones, porque la venida del Señor se acerca."

El apóstol Pedro también nos habla de la paciencia. En 2 Pedro 1: 6 leemos: "...al conocimiento, dominio propio; al dominio propio, paciencia;..." ¿vio que llegamos a la "paciencia"? Pero antes de continuar con ella, notemos la interesante lista de actividades que nos presenta el apóstol.

En 2 Pedro 1: 5-8 el apóstol Pedro nos ofrece una lista de actividades, que si las ponemos en práctica, no nos dejarán estar de vagos; y nos permitirán dar buenos frutos en cuanto al conocimiento de nuestro Señor Jesucristo.

Indudablemente, aunque esta lista comienza con la fe y termina con el amor, es obvio que realmente comienza con el amor y termina con el amor, siendo que se trata de uno de los hermosos círculos de pedagogía que contiene la Santa Palabra de Dios.

¿Por qué enfatizo que en esta lista que comienza con la fe en 2 Pedro 1:5, realmente está implicado que comienza con el amor? ¿Cómo me atrevo a decir eso?

Bueno, es sencillo. ¿Cómo nace la fe?

La fe nace cuando escuchamos la palabra de Dios que es predicada en el amor de Dios. Por eso leemos que cuando el pueblo escuchó a Pedro predicar aquel poderoso mensaje en Hechos 4:4, "Pero muchos de los que habían oído la palabra, creyeron; ..." Esto nos indica más bien, que una persona que tuvo amor predicó y la palabra quedó bien sembrada para luego germinar o ser desarrollada en el corazón de los oyentes.

Por esa razón nos explica el apóstol Pablo: "Así que la fe es por el oír, y el oír, por la palabra de Dios." (Romanos 10:17); y continúa instruyéndole a los corintios: ¿Qué, pues, es Pablo, y qué es Apolos? Servidores por medio de los cuales habéis creído; y eso según lo que a cada uno concedió el Señor" (1 Corintios 3:5).

¡Continuemos, pues, con el tema de la paciencia!

En 2 Pedro 3:9 la Biblia nos dice: "El Señor no tarda su promesa, según algunos la tienen por tardanza, sino que es paciente para con nosotros, no queriendo que ninguno perezca, sino que todos procedan al arrepentimiento." Entendemos que por ley natural, el hijo aprende del padre. Dios es nuestro Padre celestial; y él es paciente. Por lo tanto, aprendamos de él a ser pacientes.

En Apocalipsis 3:10 también nos dice: "Por cuanto has guardado la palabra de mi paciencia, yo también te guardaré de la hora de la prueba que ha de venir sobre el mundo entero, para probar a los que moran sobre la tierra." Esto implica que el que no guarda la palabra de la paciencia de Dios, no será guardado de la hora de prueba que viene sobre todo el mundo. Esa es la razón por la que los que guardamos la palabra de la paciencia de Dios, no tememos miedo a pasar por la grande tribulación que está por venir, porque Dios nos librará de ella. Observe que nos dice que nos librará de la hora de la prueba, implicando que no estaremos ahí cuando ocurra la grande tribulación. Si fuera que la Iglesia de Dios estaría presente durante la grande tribulación, diría el texto: Yo también te guardaré en la hora de la prueba, pero no lo dice así.

Podemos correctamente concluir, que lo que nos produce paciencia son las pruebas.

Al comparar Romanos 5:3 "...nos gloriamos en las tribulaciones, sabiendo que la tribulación produce paciencia" con 2 Pedro 1:6 "...al dominio propio, paciencia;..." nos percatamos que la tribulación y el dominio propio tienen mucho en común. Casi podríamos decir que son sinónimos en el sentido de que la paciencia es el producto de ambas características.

Me pregunto: ¿Quién no se atribula ejercitando el dominio propio todo el tiempo? Es obvio que necesitamos hacer un tremendo esfuerzo para mantener la calma ante los retos de la vida. ¡Esto es algo continuo mientras estemos vivos! Siempre necesitamos mantener el nivel de comportamiento correcto. No podemos perder el buen temperamento o el control propio. Si fallamos, no tenemos excusas, porque nuestro Dios está muy pendiente de nosotros todo el tiempo; y él está bien dispuesto a concedernos toda la paciencia que necesitemos.

Pues entonces, el dominio propio y la tribulación son en realidad sinónimos; y nos lo confirman Romanos 5:3 y 2 Pedro 1:6

Y son muchos más los versículos y los pasajes bíblicos que nos instan a tener paciencia.

Por lo tanto, pidamos paciencia con confianza. Si somos maestros, abandonemos esa idea de aconsejar a la gente a que no pidan paciencia, porque enseñar eso no es bíblico. Por otro lado, si somos solamente miembros quienes recibimos malos consejos, no le hagamos caso a esos predicadores. !Atendamos lo que nos dice la Palabra!

Opinión sobre las tragedias en los Estados Unidos de América

En estos días escuchamos en las noticias sobre lo que continúa sucediendo cuando alguien con un arma poderosa mata a mucha gente en las escuelas o en otros lugares públicos. Es preciso escuchar las opiniones de los políticos y de algunos religiosos que hablan al respecto. Unos dicen que la solución es armar más a las escuelas de modo que los maestros tengan un arma con la cual defender a los estudiantes y protegerse ellos mismos. Otros dicen que la mejor solución es eliminar por completo el acceso a armas peligrosas por menores de 21 años; y que siempre se investigue bien el trasfondo de la persona que quiere comprar un arma de fuego.

Algunos predicadores favorecen al partido político que estimula el uso de más armas de fuego. Un predicador propuso que la razón por la que está pasando esto en América es porque en la nación se trata de poner leyes que dan derechos a matar a los niños. En otras palabras, el predicador sugirió que las tragedias están directamente relacionadas con las leyes que favorecen el aborto.

¡No estoy de acuerdo con esa explicación! El predicador de Dios no debe dejarse influenciar por partido político alguno. Este debe predicar solamente la Palabra de Dios.

¿Por qué no sugerir que desde la temprana edad los padres les modelen a sus hijos la importancia de la práctica de los valores éticos que nos enseña la Biblia? ¿Por qué no requerir que según los niños vayan creciendo, se les enseñe teología como una ciencia religiosa; y enseñada por doctores en teología y no por ateos? La teología como una ciencia religiosa se debe enseñar a la par con la ciencia de la evolución de las especies; y dejar que el estudiante decida si ha de creer en la existencia de Dios o no.

Recomiendo enfáticamente que se le dé más oportunidades a los estudiantes a ser expuestos a las enseñanzas de la teoría religiosa; y que como requisito de graduación, que hagan proyectos críticos y constructivos de cualquier fuente confiable que hable de Dios con liberalidad. ¡Exíjanles que critiquen este librito, por ejemplo! Les aseguro que esto les va a dar la oportunidad de aprender a cuidar el bienestar de sus semejantes. Si no se les da la oportunidad, ¿Cómo van a poder desarrollar amor y respeto hacia la vida de los demás?

Someter a los estudiantes a filosofías humanas que les hacen creer que Dios no existe, que se burlan de las enseñanzas encontradas en nuestras biblias, no es crear en ellos una mente abierta. Al contrario, le cierran sus mentes, los hacen ser racistas e irrespetuosos de la vida de los demás.

Eliminar los mandamientos de Dios de las escuelas y el no permitir que un buen teólogo explique a los estudiantes a cerca de Dios, causa que los estudiantes no crean en el Ser Divino. Propongo también que otra de las mejores soluciones que pueden lograr que no continúen las masacres en las escuelas y en los lugares públicos, es traer a Dios de vuelta en las escuelas y en la nación entera.

Continúo sugiriendo que una persona quien logra amar a Dios y amar a su prójimo como se ama ella misma, jamás causará estas tragedias, hayan armas de fuego o no las hayan. Por supuesto, no es hacer eso solamente. Hay que tomar todas las debidas precauciones y hacer leyes más estrictas que no le permitan a alguien no cualificado a tener la oportunidad de aportar un arma peligrosa. ¿Por qué? Porque necesitamos usar el sentido común con el que Dios nos da.

Opino que por gracia de Dios y el buen sentido que los que aprobaron la segunda enmienda a la Constitución de los Estados Unidos, hoy tengo el derecho de proteger a mi familia a toda costa. Sé que muchos creyentes se alarman al enterarse de esto. Estos necesitan entender mejor el mensaje de la Palabra de Dios. Si usted cree que es falta de fe, si un creyente se defiende como le permite la ley, o si va a la guerra, respeto su opinión. Sin embargo, gracias a Dios que no todas las personas creen ser tan "espirituales" como sugiere usted, porque de otra manera no gozaríamos de la libertad que tenemos hoy en los Estados Unidos de Norte América.

Por otro lado, también opino que por desgracia de los malos legisladores, hoy (Junio de 2022) a una persona de solamente dieciocho años se le permite comprar un arma de fuego sin tener que pasar por escrutinio alguno. ¡Eso está mal, pero que muy mal! Dios quiera que aun antes de que este libro sea publicado, ya estas leyes hayan cambiado para bien.

Si la nación completa se humilla ante Dios (aunque exista la hipérbole) las cosas se mejoran porque Dios escucha siempre al pueblo que le clama correctamente; y les honra todas las peticiones (2 Crónicas 7:14).

¿A quién escucha Dios?

Nuestro Dios es el único Dios que existe. Él es Todopoderoso, está en todas partes y sabe todas las cosas. Los ojos de Jehová ven todo, todo el tiempo. ¡Es que Dios es grande! ¡Es que Dios es Todopoderoso!

"Él está sentado sobre el círculo de la tierra…" (Isaías 40:22).

"Jehová dijo así: El cielo es mi trono, y la tierra estrado de mis pies." (Isaías 66:1).

"Porque los ojos de Jehová contemplan toda la tierra, para mostrar su poder a favor de los que tienen corazón perfecto para con él." (2 Crónicas 16:9).

"Los ojos de Jehová están en todo lugar, mirando a los malos y a los buenos." (Proverbios 15:3).

Dios nos ve y nos escucha a todos todo el tiempo. Nada de lo que hacemos y decimos se pierde en el olvido.

La Palabra de Dios nos declara con claridad que lo que todo el mundo hace, queda gravado en el recuerdo, en los anales y/o en los libros que están en los cielos.

Dependiendo de la traducción de su Biblia, encontramos diferentes palabras. Por ejemplo, puede ser que su Biblia diga "Raca", "Moreh" en Mateo 5:22, en lugar de decir "Necio", "Fatuo", como lo dice en mi traducción, pero el mensaje es el mismo: Dios está guardando récord de aquellas palabras que decimos contra los demás seres humanos. Sea usted un cristiano, no sea creyente, o sea un ateo. Si le decimos con enojo a otra persona cualquier palabra o nombre en forma de desprecio hacia esa persona, daremos cuenta en el día del juicio.

El ser humano está hecho a la imagen y a la semejanza de Dios; y Dios cela de manera inexplicable lo que él ha hecho en nosotros. Cualquiera que dañe esa imagen, se las tiene que ver con el Creador.

¡Escuchen jóvenes, o lean, presten atención; y aprendan! Cuando era jovencito y estaba "en el primer amor" con mi Dios, parecía tan espiritual que hasta el diablo me tenía miedo. Predicaba con mucha fogosidad, oraba, ayunaba y leía la Palabra con muchísima devoción. Todo eso es bueno. Hágalo, si puede. Sin embargo, un problema surgió cuando observé una familia con un hijo quien era víctima del síndrome de Down. Rápida y arrogantemente comenté que si Dios me diera un hijo o una hija así, oraría por él, o por ella, hasta que se normalizara.

Con el tiempo me casé con Lydia de Jesús Delgado y tuvimos a nuestra primera hija en Puerto Rico, quien era completamente normal. ¡Gloria a Dios por eso! Pero nos mudamos a Bridgeport Connecticut; y tuvimos que vivir en una casa llena de un moho verde, que por más que limpiáramos el mal olor del moho no se iba. Bajo esas condiciones, mi esposa salió embarazada con nuestra segunda hija. Esta nació sorda, muda y ciega. Ya tiene más de 40 años de edad, y todavía es sorda, muda, y ciega; por más que le hemos orado.

¿Qué pasó?

El Señor me enseñó una importante lección. No digamos que si alguien está enfermo es porque tiene poca fe. Si nos encontramos fuertes y victoriosos, no juzguemos a los que no lo están, porque a Dios no le agrada que hablemos así de los demás.

Al estar hechos a la imagen y a la semejanza de Dios, eso nos conecta los unos a los otros, como si todos unidos fuéramos un solo organismo. Decir algo de alguien, como burlarse de los demás, es como burlarse de uno mismo o como burlarse de Dios. Todo es visto por Dios todo el tiempo; y Él nos enseña al no dejárnosla pasar.

En una ocasión fui invitado a participar a un retiro de caballeros. Como dos horas dentro de la actividad, un hermano se quedó dormido arrodillado en el púlpito. Comencé a reírme al escucharlo roncar. Estando arrodillado también frente a una banca cercana, comenté bajito: "Que poca fe tiene ese hermano, mira y que venir a la iglesia a dormir"; y me reía.

¿Qué sucedió?

Ocurrió que como dos horas después, el que se quedó dormido fui yo. Me quedé tan dormido que todos los hermanos terminaron de hacer su oración; y me rodearon, sin darme cuenta cuándo lo hicieron. Desperté escuchando a un hermano orando y diciendo: "Bendícelo en el descanso, Señor".

¡Que lección tan profunda! Fue tan profunda que entendí que tengo que tener más cuenta cuando digo algo de los demás. ¡Créanme que he madurado muchísimo!

¡No haga ni diga algo contra su hermano, porque Dios no se lo dejará pasar!

¡Hay personas que hablan malísimo todo el tiempo! No sé cuáles palabras usan en su país, pero en Puerto Rico he escuchado personas que no dicen una sola oración gramatical completa sin decir alguna mala palabra. Se escuchan mucho las palabras: imbécil, idiota, zángano, estúpido, bruto, animal, bestia, tonto, retrasado, ridículo, muérete; y por el estilo. Dicen otras palabras que son tan feas que no conviene escribirlas ¿Qué nos dice la Palabra?

La Biblia dice en Mateo 12: 36, 37 "…de toda palabra ociosa que hablen los hombres, de ella darán cuenta en el día del juicio. Porque por tus palabras serás justificado, y por tus palabras serás condenado."

Las palabras que Jesús llama "ociosas" son las palabras que no trabajan para bien, no producen alguna obra buena. Tales palabras hacen daño y es mejor que no salgan de la boca de un creyente. Lo que la Biblia nos dice en cristiano es: Tus palabras tienen el poder para ayudarte en el juicio a tu favor librándote de la culpa, declarándote inocente (exculparte) y también tienen el poder de atribuirte el delito, de ir en tu contra, de declararte culpable (inculparte).

¿Qué les parece? Nuestras propias palabras tienen esa repercusión en nuestras vidas. ¡Lo dijo nuestro Señor Jesucristo!

¡No digamos necedades! No digamos frases inútiles e impertinentes, porque esas palabras desagradan a Dios. Santiago 3: 1-12 nos da a entender que el apóstol observaba cómo se le hacía tan fácil a muchas personas de su tiempo ofender con las palabras que decían; y observamos miles de años después, que todavía existe este problema en la sociedad; pero Dios continúa escuchando y tomando notas.

De manera, entonces, que tenemos ya claro que Dios nos ve y nos escucha todo el tiempo. Nada se oculta de la presencia y de la omnisciencia, ni de la omnipotencia de Dios. ¡Creamos con firmeza que Dios nos ve y nos escucha todo el tiempo, porque así es!

Ahora bien, hay gente que le pide a Dios en oración aun no siendo cristianos. ¿Escucha Dios las oraciones de ellos?

Ya hemos establecido que sí, Dios siempre escucha todo. Sin embargo, el que Dios escuche y el que Dios honre las peticiones de la humanidad, son dos asuntos diferentes.

Dios es amor y a él le place compadecerse del que quiera compadecerse – y no podemos dictarle de quien debe compadecerse y de quien no. Él se reserva ese derecho por conocer todas las cosas y ser el único Justo en todo el sentido de la palabra.

En Éxodo 33:19 nos dice: "...y tendré misericordia del que tendré misericordia, y seré clemente para con el que seré clemente." Esto lo cita el apóstol Pablo de otra versión: "Pues a Moisés dice: Tendré misericordia del que yo tenga misericordia, y me compadeceré del que yo me compadezca." (Romanos 9:15).

Justicia es darle a cada cual lo que cada cual se merece, y solamente Dios sabe lo que en verdad se merece cada cual.

¿Por qué usted cree que hay tantos presos que los sacan de la cárcel después de muchos años, cuando la justicia descubre que esas personas eran inocentes? La razón es que el jurado que los encontró culpables y el juez quien les declaró la injusta sentencia se basaron en datos equivocados; mientras que los pobres acusados no pudieron demostrar su inocencia.

¿Se imagina usted un preso quien sabe que es inocente pidiéndole a Dios día y noche que lo saque porque es inocente? Sea un convertido o no lo sea, Dios lo escucha.

No debemos quitarle los ánimos a los impíos que oran. Hay momentos en los que Dios en su Omnisciencia concede positivamente las peticiones que los seres humanos hagan, especialmente en casos especiales.

La Palabra nos dice claramente en **Juan 9:31** "Y sabemos que Dios no oye a los pecadores; pero si alguno es temeroso de Dios, y hace la voluntad, a ése oye.", esto no le quita a Dios el derecho de honrar la petición que le haga quien se la haga, sea cristiano o no lo sea.

El Dios que inspiró a Santiago a escribir: "Porque juicio sin misericordia se hará con el que no hiciere misericordia; y la misericordia triunfa sobre el juicio."(Santiago 2:13), ese mismo Dios sabe perfectamente cuando escuchar las peticiones que les hagan hasta los que creemos que se merecen juicio, porque él es misericordioso.

Debemos practicar la misericordia cuando nos lo indique el Espíritu, porque el hacer misericordia es uno de los dones del Espíritu (Romanos 12:8)

Usted y yo no sabemos por qué las personas hacen lo que hacen. Pero la Palabra de Dios es clara presentándonos casos de personas que pecan por error, pecan por engaño, pecan porque no saben las malas repercusiones que les traerá lo que están haciendo.

Dios sabe que todos somos víctimas de nuestra cultura. Se nos enseñan cosas que no son correctas; y las creemos, porque eso fue lo que nos enseñaron. Podemos creer que estamos en lo correcto, pero que en realidad hay fallas en nuestra creencia. Eso le sucedió al apóstol Pablo, y nos puede suceder a nosotros.

¡Mire lo que nos dice la Palabra en 1Timoteo 1:13!: "Habiendo sido antes blasfemo, perseguidor e injuriador, mas fui recibido a misericordia porque lo hice por ignorancia e incredulidad."

¡Mire lo que nos dice la Palabra en Ezequiel 45:20!: "Así harás el séptimo día del mes para los que pecaron por error o por engaño. Números 15:24 "Si el pecado fue hecho por yerro, por ignorancia… ¡Dios concede el perdón, pero no lo siga haciendo!

En **cuanto a los cristianos verdaderos**, que son humanos arrepentidos, quienes han aceptado a Jesucristo como su Salvador, estos han sido justificados (hallados justos o sin culpa) delante de Dios porque se amparan en Jesucristo. Es a estos a quienes Dios escucha y honra, sin parcialidad, contestándoles todo lo que le pidan. Por supuesto, tienen que pedir con fe y deben pedir correctamente. Me explico:

En el Salmo 34:15 encontramos "Porque los ojos de Jehová están sobre los justos, y sus oídos atentos a sus oraciones."

Esto lo repite la Palabra en 1 Pedro 3:12 "Porque los ojos de Jehová están sobre los justos, y sus oídos atentos a sus oraciones."

¿Cuándo los cristianos alcanzamos esa justicia de parte de Dios? "…y tendremos justicia cuando cuidemos de poner por obra los mandamientos delante de Jehová nuestro Dios."(Deuteronomio 6: 24,25).

Encontramos en Santiago 5:16 "Confesaos vuestras ofensas unos a otros, y orad unos por otros, para que seáis sanados. La oración eficaz del justo puede mucho."

El único justo en sentido absoluto es Dios. Pero los creyentes hemos sido justificados (hallados sin culpa) por la fe en Jesucristo (Romanos 5:1).

Santiago 1:6 nos dice que pidamos con fe sin dudar, porque el que duda es como la onda del mar, que es arrastrada por el viento y echada de una parte a otra.

Santiago 4: 3 nos dice que si pedimos y no recibimos, es porque pedimos mal. Si pedimos para gastar en deleites, eso no nos los va a dar nuestro Dios.

Lucas 18 nos enseña que pidamos con humildad, como lo hizo el publicano, no como oró el fariseo.

Mateo 6 nos brinda un modelo de cómo orar correctamente...

Juan nos dice tres veces, en tres capítulos distintos que la oración correcta es la que le hacemos al Padre en el nombre de Jesús: (Vea Juan 14:13,14; 15:16; 16:23). Juan fue el único inspirado por Dios para que escribiera tres veces que nuestra oración debe ir dirigida al Padre. Este fue el discípulo amado, quien se recostaba del lado de Jesús, cerca del pecho de Jesús (Juan 13:23,25).

Para tener buena conexión con Dios, necesitamos a Jesucristo, porque no se puede de otra manera.

La Palabra nos dice: "Y en ningún otro hay salvación; porque no hay otro nombre bajo el cielo, dado a los hombres, en el que podamos ser salvos." (Hechos 4:12).

Luego nos dice en 1Timoteo 2:5 "Porque hay un solo Dios, y un solo mediador entre Dios y los hombres, Jesucristo hombre."

También nos dice en San Juan 14:6 "Jesús le dijo: Yo soy el camino, la verdad, y la vida; nadie viene al Padre, sino por mí."

Este versículo encontrado en San Juan 14:6 lo usan incorrectamente los que enseñan que ya no se le dirige la oración al Padre, sino a Jesús, porque al Jesús decir: "Nadie viene al Padre" estaba indicando que él es el Padre. Ellos dicen que si Jesús y el Padre fueran distintos el uno del otro, el texto diría: "Nadie va al Padre".

¡Que el Señor reprenda al diablo! Lo triste del caso es que muchos les creen; y les siguen. Sucede como en la política, alguien dice una mentira o un engaño y muchos se unen a ellos.

¿Qué es lo que en verdad nos comunica San Juan 14:6?

Lo que Juan 14:6 nos declara es que no le pidamos a Dios Padre en ningún otro nombre. Por ejemplo, no le pidamos al Dios Padre en nombre de María, ni de san

Pedro, ni de ningún supuesto santo. Pídale a Dios Padre en el nombre de su Hijo Jesús. ¡Respetemos el orden divino! Si la teología que le enseñen menosprecia el orden divino, repréndala en el nombre de Jesús. Amén.

Pero alguno dirá: ¿Será entonces que existe un error en la manera que aparece escrito Juan 14:6, porque los que dicen que el versículo justifica que el Hijo es el Padre, es que dice: "ninguno viene al Padre"?

¡No nos dejemos engañar! Cada vez que tenga alguna duda, pídale a Dios que le ayude a entender. Pregúntele a otras personas y compare bien con lo que dice la Biblia en todos sus contextos. También puede encontrar alguna ayuda en eltercerdia.org; y con la ayuda de nuestro Creador recibirá contestación a sus dudas. ¡Permítanme explicarles!

Cuando Cristo dijo que ninguno viene al Padre, simplemente estaba dando a entender que el Padre estaba con él.

¿Cuántos saben que Dios siempre está con su iglesia?

¡Pues es lo mismo! Por esa razón cuando le hacemos llamamiento a los pecadores para arrepentimiento les decimos algo así como: ¿Quieres recibir a Jesucristo en tu corazón? ¡Pasa adelante, ven a él! Con esto damos a entender que Cristo está con nosotros. Hasta los que pasan para recibir a Jesucristo en su corazón aprendieron que Jesucristo dio su vida por ellos. Todos perciben que tanto el Padre como el Hijo y como el Espíritu Santo están en nuestros medios; y saben que nosotros no somos Dios.

Entendamos, de una vez y por todas, que cuando Dios decidió crear al mundo físico, lo hizo a través de su Verbo Creativo. Lo hizo a través de Jesucristo. Según ya está explicado en otro lugar, es entonces cuando se cumple la escritura que dice: "…Mi Hijo eres tú, yo te he engendrado hoy" (Salmo 2:7; Hebreos 1:5; 5:5). En otras palabras, y damos gloria a Dios por esta iluminación – acéptela usted o no la acepte – fue cuando Dios creó la materia que la divinidad se identifica como Padre, Hijo y Espíritu Santo, manteniendo cada uno de ellos la misma esencia eterna (Génesis 1:1; Juan 1:1-3). No fue que Cristo tuvo un principio, como enseñan algunos; y que valga la redundancia.

Todos los falsos argumentos son fáciles de contrarrestar, si entendemos correctamente la Palabra. Si le dicen que Jesús es el Padre porque Jesús dijo que él y el Padre son uno, dígale que cuando una pareja se une en matrimonio, la Biblia dice que ya no son dos sino uno. Sin embargo sabemos que cuando Petra y Petro se casan, aunque sean uno delante de Dios, Petra sigue siendo Petra y Petro sigue siendo Petro, porque Petra no es Petro. Si Petro se muere, Petra puede seguir viva, y viceversa.

Si le dicen que Jesús dijo que el que lo veía a él, veía al Padre, dígale que Chegüi cuando se afeita el bigote se parece mucho a su papá Maché. Un día, alguien que conocía a Maché vio a Chegüi sin bigote, y dijo: "Mira, el mismo Maché".

Si alguien no conocía a Maché, pero conoce a Chegüi; y le pide a Chegui que describa a su padre, Chegüi le diría:

Mírame bien, porque yo y mi padre somos uno mismo, somos igualitos. El que me ve a mí, ve a mi padre.

Felipe le dijo a Jesús que les mostrara al Padre, y que con eso estarían conformes (Juan 14:9). Bueno, ellos no podrían ver al Padre porque el Padre es espíritu; y si le veían, se morían. Pero Jesús siendo uno en esencia con el Padre le respondió que el que lo veía a él, veía al Padre; y eso debería bastarles. A nadie se le permite ver al Padre, sino a través de su Hijo Jesucristo. El que conoce a Jesucristo, conoce al Padre; pero el Padre es el Padre, y el Hijo es el Hijo. Entendamos que Jesús no pretendió decirle: "Yo soy el Padre", según algunos indoctos creen que fue lo que Cristo quiso decir.

Alguno dirá: Jesús no dice nada que no sea directo.

Y le responderé que muchas veces lo que Jesús les decía directamente, para ellos era tan indirecto que no entendían los que les decía; y algunas veces les explicaba, otras veces, no. ¡Recuerde las parábolas!

Felipe no había entendido todavía que el Padre está en el Hijo, y el Hijo está en el Padre. Todo lo que Jesús les decía era porque lo había oído del Padre. Oír hablar a Jesús era como escuchar hablar al Padre, porque el Padre estaba en el Hijo. Para poder oír la voz del Padre, hay que hacerlo en el Espíritu. De una misma manera, ver la figura de Jesús, su apariencia física que podía ser vista, era como ver al Padre en su apariencia espiritual, que no puede ser vista con ojos físicos.

No nos dejemos confundir. El Padre es el Padre y el Hijo es el Hijo. El Padre no es el Hijo, ni el Hijo es el Padre.

¡Se trata de un hermoso orden que no
debe ser alterado, mis amados
hermanos y hermanas en el Señor!

El Padre envía el Hijo Unigénito a sacrificarse por la humanidad, para que puedan tener vida eterna (Juan 3:16). Nos dice: "...ha dado a su Hijo..." (No dice que se dio a sí mismo. ¡No nos dejemos confundir!).

El Padre, siendo mayor que el Hijo, le dio la orden de que viniera a la tierra (Juan 13:16; 14:28). A algunos de los apóstoles (en el caso de Pedro, Santiago y Juan) el Padre les testificó desde una nube con voz audible: "Este es mi Hijo amado, en quien tengo complacencia; a él oíd." (Mateo 17:5; Lucas 9:35). Esto es, escucharon la voz del Padre testificando de su Hijo. No dice que Jesús usó su poder divino para hacer que se escuchara su propia voz como que él era el Padre. Los discípulos sabían muy bien que el Padre era el Padre y que el Hijo era el Hijo. ¡No nos dejemos confundir!

El Hijo, siendo menor que el Padre, viene a la tierra e instruye a sus seguidores con claridad meridiana que él es el enviado del Padre, quien es mayor que él (Juan 13:16; 14:28). Él obedece y cumple la misión que le ordenó el Padre muriendo como Cordero inmolado en una cruz (Filipenses 2:8).

El Padre le resucita (Hechos 2:32).

El Hijo resucitado sube al cielo y se sienta a la diestra de Dios Padre; y a él están sujetos ángeles, autoridades y potestades (1Pedro 3:22).

Desde el cielo, el Hijo ruega al Padre que le dé otro Consolador a la Iglesia para que esté con ella para siempre, para que les enseñe todas las cosas, y para que les haga recordar la Palabra de Dios (Juan 14:16, 26).

Desde el cielo, el Hijo intercede al Padre en favor de la humanidad (Hebreos 7:24,25).

El Padre envía el Espíritu Santo (Hechos 2:1-4).

El Espíritu Santo es la tercera Persona de la Divinidad porque ese es el orden que debemos respetar. Si no hay orden, hay desorden; y Dios no quiere desorden.

La razón por las que unos dicen esto,
y otros dicen aquello, aun cuando
en verdad existe un orden

¿Por qué unos dicen esto, y otros dicen aquello, si sabemos que hay un orden?

Es fácil para satanás, quien tiene tanta experiencia, confundir con el juego de palabras hasta a los escogidos; como están haciendo los unitarios. También las diferentes traducciones de la Biblia causan problemas, porque cualquier palabra mal traducida del idioma original cambia el mensaje principal del escrito. La Biblia se presta mucho para que cualquiera logre probar lo que quiera con ella; y muchos se aprovechan para sugerir errores usando cierta lógica en lo que afirman.

Por ejemplo, acabo de sugerir un orden, que según mi entender está bien. Sin embargo, cualquiera puede leer Juan 10:17,18 "Por eso me ama el Padre, porque yo pongo mi vida para volverla a tomar. Nadie me la quita, sino que yo de mí mismo la pongo. Tengo poder para ponerla, y tengo poder para volverla a tomar." Entonces, se aprovechan y afirman que Jesús se resucitó él mismo, ignorando lo que dice en Hechos 2:32 que fue el Padre quien le resucitó. A estos nos les importa que el orden existente debe ser respetado, porque prefieren demostrar cuán "iluminados" son al reclamar que Jesús se resucitó a sí mismo. Pero sabemos que Jesús jamás haría algo fuera de la voluntad del Padre. Nuestro Señor se sometió a esa mayor voluntad; y fue en verdad el Padre quien le resucitó.

¡Dejemos ya las peleas entre nosotros mismos! Sabemos que nuestro Dios nos ve y nos oye todo el tiempo. Muchos han reflexionado bajo esta verdad a través de poemas, cánticos, oraciones, escritos, etc.; y llevándose una vida pía y temerosa delante de la presencia de Dios, porque se puede. Pertenezca usted a la denominación que pertenezca, pórtese bien. Deje ya de confundirse usted mismo y de estar confundiendo a los demás.

El que es católico, sea católico todavía. El que es pentecostal, sea pentecostal todavía, el que es adventista, sea adventista, todavía. Los que pertenecen a otras organizaciones, sean miembros fieles todavía. Sólo asegúrese que cumple con dos requisitos: Ame a Dios sobre todas las cosas, y ame a su prójimo como se ama a usted mismo. Si cumplimos con estos dos requisitos, no tenderemos problema alguno logrando la gloria. Todos los que reclamen que son ellos los mejores que están ante Dios y que son ellos los únicos que se van al salvar, son arrogantes y abominables ante la presencia del Creador.

Los que le prestan atención a la Palabra de Dios, se convierten en vidas ejemplares que expresan su amor hacia Dios y hacia los demás de muchas maneras, incluyendo: mensajes, poemas, canciones; y los consejos que nos ofrecen los artistas conscientes, como el autor que escribió: "En cada paso que das, por la senda en que vas, hay y un Dios que te ve…"

Los que le prestan atención a la Palabra de Dios (no a lo que le enseña solamente su grupo educativo), aprenderán si están siendo engañados o no.

Todo esto es otra manera de decir: "…. Y todo vuestro ser, espíritu, alma y cuerpo, sea guardado irreprensible para la venida de nuestro Señor Jesucristo" (1 Tesalonicenses 5:23).

Es posible vivir una vida que sea agradable ante nuestro Creador, quien nos ve y no escucha todo el tiempo.

Seamos temerosos de Dios, en el sentido de respetarle todo el tiempo.

Hagamos la voluntad de Dios procurando parecernos continuamente más y más a Cristo.

Entendamos que somos justificados por Dios a través de su Hijo Jesús.

Cuando oremos, pidamos con fe.

¡Oremos correctamente!

Mantengamos una buena conexión con Dios; y si es posible, también con los demás. Algunos prefieren hablar mucho de María, y otros de Elena White. Otros sólo predican de Mahoma; y así por el estilo. Oh, se me olvidaba: Otros hablamos mucho de Jesucristo. Si lo que estamos haciendo está mal, "que Dios nos coja confesaos".

¡Necesitamos un standard (estándar) sobre el concepto de la salvación!

¡Dios mío, que mucha confusión existe en el mundo! ¡Ayúdanos, oh Creador, en el nombre de Jesús! ¡Amén!

En el mundo religioso existen muchos desacuerdos. No existe un estándar que una a todas las religiones en la interpretación de lo que dice la Biblia; y debería de haberlo. Por ejemplo, en lo que respecta al término salvación, ¿Cuáles son algunos de los desacuerdos más marcados? ¿Qué enseñan algunas de las religiones? ¿Cuáles estándares nos ayudarían?

Solamente puedo proponer algunos. Acepto la ayuda que otros quieran presentar, siempre y cuando resulte para el bienestar de todos.

La definición de "salvación"

No necesitamos "re-inventar la rueda". Los diccionarios dicen algo igual o parecido a: "Salvación es la consecución de la gloria y bienaventuranza eternas[3]."; "Salvación es el hecho de librar de la destrucción o catástrofe, especialmente cuando el alma es librada del pecado o sus consecuencias."; "Ser salvo es el ser guardado o el ser liberado de una tragedia inminente, especialmente ser librado del castigo y de la condenación eterna."; Y así, sucesivamente.

¿Qué enseñan los católicos?

Los hermanos católicos[4] tienen un concepto más sencillo acerca de la salvación que las demás religiones. Para ellos, el asunto está resuelto con la idea del purgatorio.

Sencillamente, si la persona sufre de enfermedades, pobreza, o persecución en la vida, ya está pasando por el purgatorio; y cuando se muera va a ir directamente al cielo, sin necesidad de pasar por ninguna otra limpieza por causa del pecado. Así son tratados por Dios también aquellas personas quienes se comportan excepcionalmente bien porque viven en santidad. Estos últimos tampoco tendrán necesidad de pasar por un purgatorio; y cuando se mueran van a ir directamente al cielo.

En cuanto a todos los demás que no caen en la categoría de los dos casos ya mencionados, cuando se mueran son automáticamente sometidos a un purgatorio.

Según enseñan los católicos, el purgatorio no es una cárcel espiritual, ni un lugar que representa una antesala del infierno sino un proceso donde el alma de la persona es limpiada de sus pecados. Luego de ese proceso de limpieza, todos pasaran al cielo.

Los católicos justifican la existencia del proceso del purgatorio al sugerir que la mayoría de las personas no son lo suficientemente malas como para merecerse ir al infierno, o lo suficientemente buena como para merecerse entrar al cielo sin necesitar algún tipo de introspección o purificación.

¿Qué enseñan algunos de los que no profesan la religión católica?

Los que no son católicos, como por ejemplo los evangélicos, difieren entre ellos mismos.

Unos dicen que una vez la persona es salva, se queda salvada para siempre. Dicen que si la persona reclamó ser salva, pero luego vive una vida terriblemente mala, en realidad fue que nunca fue salva, porque los que en verdad son salvos no se comportarán tan mal. Para comprobarlo leen pasajes como:

Juan 10:28 "Y yo les doy vida eterna; y no perecerán jamás, ni nadie las arrebatará de mi mano."

Otros dicen que la salvación se puede perder; y para verificarlo leen escrituras como:

Filipenses 2:12 "...ocupaos en vuestra salvación con temor y temblor."

1 Corintios 10:12 "Así que, el que piensa estar firme, mire que no caiga."

Hebreos 2:1 "Por lo tanto, es necesario que con más diligencia atendamos las cosas que hemos oído, no sea que nos deslicemos."

Salmo 51:12 "Vuélveme el gozo de tu salvación, y espíritu noble me sustente."

Apocalipsis 3:5 "El que venciere será vestido con vestiduras blancas; y no borraré su nombre del libro de la vida, y confesaré su nombre delante de mi Padre, y delante de sus ángeles."

Estos dicen que aunque nadie puede arrebatar al salvado de la mano de Jesucristo, los salvados mismos pueden saltar y salirse ellos mismos de las manos del Maestro.

Otros dicen que nadie puede estar seguro de si se va a salvar o no, porque solamente se salvará el que persevere hasta el fin, el que venciere; y para comprobarlo leen:

Mateo 10:22 "Y seréis aborrecidos de todos por causa de mi nombre; mas el que persevere hasta el fin, éste será salvo."

Mateo 24:13 "Mas el que persevere hasta el fin, éste será salvo."

Apocalipsis 2:7 "El que tiene oído, oiga lo que el Espíritu dice a las iglesias. Al que venciere, le daré a comer del árbol de la vida, el cual está en medio del paraíso de Dios."

Otros nos preguntan: ¿Eres salvo?

Si contestamos que sí, nos dicen: ¿Cómo puedes decir que eres salvo, si el mismo apóstol Pablo decía que todavía no era salvo." Y para comprobarlo leen en Filipenses 3:12 "No que lo haya alcanzado ya, ni que ya sea perfecto; sino que prosigo, a ver si logro asir aquello para lo cual fui también asido por Cristo Jesús."

¿Quién tiene la razón?

¡Propongamos el estándar!

¿Cuál debe ser el standard o estándar de los creyentes con respecto al concepto de la salvación?

Entender correctamente Filipenses 3:12

Entender que en Filipenses 3:12 el apóstol Pablo no está hablando del tema de la salvación, sino de la perfección del creyente, que solamente será lograda en el futuro cuando estemos con Dios para siempre.

"No que lo haya alcanzado ya ni que ya sea perfecto; sino que prosigo, a ver si logro asir aquello…"

¡No se refiere a la salvación! Él sabía que era salvo ya. Se refiere al contexto (sabía que no había resucitado todavía, porque seguía vivo (Fil. 3:11). El apóstol Pablo sabía que todavía no era perfecto, pero proseguía hacia esa meta (Fil. 3:14). (En cualquier otro lugar donde leamos que seamos perfectos, no se refiere a la perfección absoluta como la de Dios, sino más bien a nuestra madurez emocional o espiritual. Esto lo encontramos en: Mateo 5:48; Colosenses 4:12; y en otras citas).

¿Cuál debe ser la meta de todo creyente?

¡El propósito de todo creyente debe ser el poder llegar a parecernos más y más a Cristo; porque este es el premio del supremo llamamiento de Dios en Cristo Jesús!

¡La meta del creyente debe ser el poder llegar a recibir la transformación del cuerpo humano perecedero, en un cuerpo semejante al cuerpo de la gloria de Cristo, que es incorruptible (Filipenses 3:21); no para recibir adoración como la recibe Dios, sino para que le alabemos perpetuamente (Salmo 84).

Entender que el término "salvación"
en la Biblia envuelve los tres tiempos:
pasado, presente, y futuro.

¡El creyente es salvo "ahora" en el momento presente!

Podemos referirnos al tiempo presente de la salvación para responder a la pregunta ¿Eres salvo?

Si hemos recibido a Jesucristo como nuestro Salvador, y estamos viviendo fielmente para el servicio de Dios, podemos contestar con seguridad que sí.

No aceptemos que nos presenten versículos bíblicos mal aplicados para que perdamos la seguridad de que somos salvos ya.

Algunos de los versículos bíblicos que respaldan la fe del creyente, dándole la seguridad de que ya es salvo son:

Juan 5:24 "De cierto, de cierto os digo: El que oye mi palabra, y cree en el que me envió, tiene vida eterna; y no vendrá a condenación, mas ha pasado de muerte a vida."

Juan 6:47 "De cierto, de cierto os digo: El que cree en mí, tiene vida eterna."

1 Juan 5:13 "Estas cosas os he escrito a vosotros que creéis en el nombre del Hijo de Dios, para que sepáis que tenéis vida eterna, y para que creáis en el nombre del Hijo de Dios."

Observemos que estas tres referencias mencionadas nos indican el tiempo presente de la salvación: "tiene vida eterna", "tiene vida eterna", "tenéis vida eterna".

Notemos también, que aunque las tres citas mencionadas pueden ser interpretadas como que las referencias nos aseguran que el que cree en Jesús tiene la seguridad de que tendrá vida eterna, los hijos de Dios no somos contenciosos, ni nos esforzamos por quitarle el valor presente de la salvación que indican estos versículos.

La salvación en el tiempo pasado

Lucas 7:50 "Pero dijo a la mujer: Tu fe te ha salvado, vé en paz."

Efesios 2: 5-8 ("sois salvos"... "nos hizo sentar en lugares celestiales con Cristo Jesús..."

2da. Timoteo 1:9 "quien nos salvó y nos llamó con su llamamiento santo..."

Observamos que estas tres referencias mencionadas nos indican el tiempo pasado de la salvación: "te ha salvado", "sois salvos", "nos hizo sentar", "nos salvó".

La salvación en el tiempo futuro

1 Tesalonicenses 5:8 "...y con la esperanza de salvación como yelmo."

1Pedro 1:5 "Que sois guardados por el poder de Dios mediante la fe, para alcanzar la salvación que está preparada para ser manifestada en el tiempo postrero."

1 Juan 3:2 "Amados, ahora somos hijos de Dios, y aun no se ha manifestado lo que hemos de ser; pero sabemos que cuando él se manifieste, seremos semejantes a él, porque le veremos tal como él es."

Observamos que estas tres referencias mencionadas nos indican el tiempo futuro de la salvación: "con la esperanza"[2], "para ser manifestada en el tiempo postrero", "seremos semejantes a él".

Nos damos cuenta de que llegar a ser semejantes a Cristo es el propósito o la meta principal en la vida de todos los creyentes; y a eso es que se refiere la salvación futura.

Nos percatamos que esperamos la salvación futura porque anhelamos llegar a verle tal como él es. Eso no significa que no fuimos salvos ya, y que no somos salvos en el momento presente, o presente progresivo, mientras peregrinamos en esta tierra.

Por supuesto, sabemos que esta explicación no es suficiente para contrarrestar la oposición de aquellos que enseñan algo diferente con respecto a nuestra salvación. Cada opositor le buscará "una quinta pata al gato" para probar que ellos son los que están en lo correcto. ¡No les creamos!

Entender Mateo 10:22; 24:13; Marcos 13:13

Las palabras de Jesús en Mateo 10:22; 24:13; y en Marcos 13:13 son profecías aplicables a persecuciones venideras, especialmente a los que opten por no someterse a las exigencias del anticristo durante el tiempo de la grande tribulación.

---

[2] El que espera, cree que algo que todavía no ha sucedido va a suceder, por lo tanto, la expresión indica el tiempo futuro.

He escuchado a muchos usando incorrectamente "el que persevere hasta el fin, este será salvo" enseñando que no debemos decir que somos salvos ya. No se han percatado que esas palabras de Jesús son proféticas, y que se refieren a los que sufrirán las persecuciones en el tiempo de la Grande Tribulación.

Con las palabras "el que persevere hasta el fin, este será salvo" Jesús no se contradecía a sí mismo una vez que ya había dicho que el que en él cree ya tiene vida eterna; fue que habló con palabras proféticas.

¡Gloria a Dios!

El llamamiento que es irrefutable

El llamamiento que es irrefutable

Mateo 4: 18 – 22

Mateo 4:18 "Andando Jesús junto al mar de Galilea, vio a dos hermanos, Simón, llamado Pedro, y Andrés su hermano, que echaban la red en el mar; porque eran pescadores."

Mateo 4:19 "Y les dijo: Venid en pos de mí, y os haré pescadores de hombres."

Mateo 4:20 "Ellos, entonces, dejando al instante las redes, le siguieron."

Mateo 4:21 "Pasando de allí, vio a otros dos hermanos, Jacobo hijo de Zebedeo y a Juan su hermano, en la barca con Zebedeo su padre, que remendaban las redes, y los llamó."

Mateo 4:22 "Y ellos, dejando al instante la barca y a su padre, le siguieron."

Marcos 1: 16 – 20

Marcos 1:16 "Andando junto al mar de Galilea, vio a Simón y a Andrés su hermano, que echaban la red en el mar; porque eran pescadores."

Marcos 1:17 "Y les dijo Jesús: Venid en pos de mí, y haré que seáis pescadores de hombres."

Marcos 1:18 "Y dejando luego sus redes, le siguieron."

Marcos 1: 19 "Pasando de allí un poco más adelante, vio a Jacobo hijo de Zebedeo, y a Juan su hermano, también ellos en la barca, que remendaban las redes."

Marcos 1:20 "Y luego los llamó; y dejando a su padre en la barca con los jornaleros, le siguieron."

Introducción

Hasta el momento, estas dos lecturas: Mateo 4:18-22 y Marcos 1:16-20, sugieren que Jesús llamó a los primeros cuatro discípulos (cuatro pescadores, dos parejas de hermanos) cuando caminaba por el mar de Galilea; y ellos le siguieron.

Pero el encuentro de Jesús con sus primeros cuatro seguidores no fue tan simple como lo presentan Mateo y

Marcos: que Jesús simplemente los vio y los llamó; y ellos dejándolo todo, inmediatamente lo siguieron.

Esto no significa que la información que obtenemos de Mateo y Marcos esté incorrecta. La información es correcta porque los evangelios se complementan: lo que un evangelista omite, lo menciona el otro. Por esa razón es que necesitamos estudiar lo que nos dice Lucas y lo que nos dice Juan al respecto. Es sólo después de considerar los cuatro evangelios que obtenemos una idea más clara de lo que ocurrió. Es entonces que logramos entender que hubo una preparación en la mente y en el corazón de estos pescadores antes que Jesús los llamara, para que el llamamiento fuese irrefutable.

Esta característica distintiva de los evangelios también la observamos en otras enseñanzas, como por ejemplos: en las veces que Pedro negó y el gallo cantó, o en cuál fue el título que fue escrito sobre la cruz de Cristo.

Pero veamos – combinando los evangelios – lo que debe haber sucedido cuando Jesús llamó a sus discípulos; y también cuando por fin nombra a doce apóstoles.

Digo: "lo que debe haber sucedido" porque la secuencia no está clara en los evangelios. Pienso que esta es una de las razones por la que muchos dicen que la Biblia se contradice. En lugar de ser diabólicos o pesimistas, ¿Por qué no leer todos los evangelios y buscarles una secuencia lógica? Esto no es cambiar el mensaje bíblico, esto es sentarnos en las faldas del Maestro y preguntarle qué fue lo que en verdad sucedió.

¿Qué estrategia es conveniente usar?

Es necesario que entendamos mejor el trasfondo histórico de la relación que tenía Juan el Bautista con Jesús. Resumamos muchas de las referencias bíblicas que tratan del personaje de Juan, y luego las que tratan de Jesús. Así el resumen puede acercarse mucho a lo que en verdad sucedió. (Hay que tener mucha paciencia para hacerlo, hermanos y hermanas en el Señor. Los comentaristas nos pueden ayudar un poco, aunque no siempre estemos de acuerdo con ellos).

Juan el Bautista y Jesús
Fondo histórico de ambos
(Relación precursor-sucesor)

Los primeros dos capítulos del evangelio de Lucas nos enseñan que Juan, el hijo del sacerdote Zacarías y su mujer Elisabet, nació unos seis meses antes de nacer Jesús el hijo de María y José (Lucas 1:26,36).

Podemos decir que la relación precursor-sucesor de Juan con Jesús comenzó unos seis meses antes de ambos haber nacido. Por supuesto, ya ambos personajes estaban profetizados en la Palabra de Dios desde mucho antes de ambos llegar al mundo.

¿Dónde lo encontramos?

Malaquías 3:1 "He aquí, yo envío me mensajero, el cual preparará el camino delante de mí; y vendrá…"

Mateo 11:10 "Porque este éste es de quien está escrito: He aquí yo envío mi mensajero delante de tu faz, el que preparará el camino delante de ti." (Esto se lo dijo Jesús de Juan a la gente, mientras los dos discípulos de Juan se iban de regreso a llevarle las respuestas a Juan a la cárcel. Ver Mateo 11:7-10). Este mensaje está repetido en el evangelio de Lucas.

Lucas 7:27 "Este es de quien está escrito: He aquí envío mi mensajero delante de fu faz, el que preparará tu camino delante de ti." (Esto lo dijo Jesús a la gente, después que se fueron los mensajeros de Juan. Ver Lucas 7:24-28).

En Mateo 11:14 está registrado que Jesús dijo de Juan el Bautista: "Y si queréis recibirlo, él es aquel Elías que había de venir."

En Mateo 11:11 y en Lucas 7:28 Jesús dijo de Juan el Bautista, mientras Juan estaba preso, que de los que nacen de mujer no se ha levantado otro mayor que Juan el Bautista. Inmediatamente después de ese tan grande encomio, Jesús dice algo sorprendente. Jesús nos dice que el más pequeño **en el reino de los cielos** es mayor que él.

Bueno, no soy quién para rechazar todo lo que los comentaristas han explicado o sugerido al respecto. Dicen que Juan fue el último profeta del Antiguo Testamento y que solamente anunció que el reino de Dios estaba cerca. Nos dicen que Juan no llegó a ser testigo de la crucifixión de Cristo, que no llegó a vivir en la dispensación de la gracia de la que gozamos todos los creyentes de hoy en día. Todos dicen que esa fue la razón por la que Cristo dijo: "**el más pequeño en el reino de los cielos es mayor que él**". ¡Permítanme sugerir algo diferente a lo que dicen los expertos!

Necesito hacer un corto paréntesis, al estar exponiendo
sobre la relación antecesor-sucesor
de Juan el Bautista con Jesús,

i

Con el debido respeto a los mejores comentaristas (lo que sugieren tienen tanto sentido, que "me quito el sombrero, y me pongo de pie". Sin ironía alguna, digo esto). Sin embargo, me hace pensar el hecho de que cuando Jesús dijo aquello de Juan, este estaba todavía vivo porque no le habían cortado la cabeza; y los que se murieron antes de Juan todavía no habían, ni han resucitado de entre los muertos. (Juan el Bautista fue decapitado y enterrado luego, según nos dice la Biblia en Mateo 14:12 y en Marcos 6:29).

Si comparamos a Juan con los que estaban en el reino de los cielos en el momento en el que Jesús habló, necesitamos entender que Jesús se refirió a los mismos que todavía están en el reino de los cielos.

¿Quiénes son los que están en el reino de los cielos?

Los que están en el reino de los cielos son los ángeles de Dios. Muchas escrituras nos comprueban que los ángeles de Dios están en los cielos. Dentro de ellas: Mateo 18:10; 24:36; Lucas 15:10.

Jesús, muy bien pudo haberse estado refiriendo a los ángeles cuando comparó a Juan con los que estaban en el reino de los cielos. Esto harmoniza muy bien con la verdad bíblica de que el ser humano es hecho un poco menor que los ángeles. Vea lo que dice el Salmo 8:5 "Le has hecho poco menor que los ángeles, y lo coronaste de gloria y honra."

Sin lugar a dudas, los comentaristas dirán que mi problema consiste en que no sé definir correctamente lo que significa la frase "el reino de los cielos". Disculpen mi ingenuidad, es que aun habiendo leído muchas definiciones, continúo creyendo que Jesús comparó a Juan el Bautista con los ángeles. (¡No me diga que esto cualifica para ser una de las grandes manifestaciones del siglo XX1! De ser así, necesitaría colocar todo este comentario en la última parte de este libro).

Sin lugar a dudas, también me dirán que comparar a un ser humano con los ángeles no sería justo de parte de Jesús. ¡No pelee conmigo! Peléese allá con el salmista David (Salmo 8:5) y con Pedro quien escribió de los ángeles y los comparó con los humanos al decir que si Dios no los perdonó a ellos, tampoco nos perdonará a nosotros (2 Pedro 2:4). También peléese con quien los inspiró a los dos a escribir (2 Pedro 1:21).

¿Me hace eso ser un contumaz? Creo que aunque 2 Pedro 2:4 se aplica para otra enseñanza diferente – como para dar ejemplos paralelos de corrección o disciplina – también el versículo es aplicable a la defensa de este comentario.

No pienso que mi Creador me catalogue como un contumaz. Él sabe que le creo cuando me enseña a orar: "Padre nuestro que estás en los cielos, santificado sea tu nombre. Venga tu reino…" (Mateo 6:9,10).

¡Está bien, puede ser que ustedes tengan la razón, comentaristas! Ustedes pueden definir lo que significa "el reino de los cielos". Sin embargo, las definiciones que he encontrado no me convencen. Jamás voy a creer que un ministro orgulloso quien come manjares y se viste como los reyes, quien se pone un traje de $500.00 o más todos los días que se presenta a predicar, quien le exige hasta más del diezmo a los miembros de su iglesia, mientras estos tienen familiares que se están muriendo de hambre y con necesidades grandísimas, que esta persona sea más grande que Juan el Bautista. ¿Me dicen que es mayor que Juan el Bautista porque Juan vivió en el tiempo de la ley, y el arrogante ministro vive en el periodo o en la dispensación de la Gracia? ¡Por favor, no sean tan graciosos!

Muy bien, les dije que las definiciones que encontré no me convencen. Digo esto, porque me las quieren aplicar a la razón por la que Jesús dijo que el más pequeño en el reino de los cielos es mayor que Juan el Bautista. Las definiciones de los "expertos" tienen todas un elemento futurístico. Pero esto conflige con el hecho de que cuando Jesús dijo esto de Juan, estaba hablando en el presente, se refería a un reino que ya existía. Observe como dice: "es mayor que él", no dice "será mayor que él".

¿Cuáles son algunas definiciones de las que encontré, y dónde les observo el factor futurístico?

¡Muy bien, se los voy a decir! No siento timidez alguna de presentárselas. A propósito, les advierto que son bastantes convincentes.

Algunas definiciones de lo que significa "el reino de los cielos" que encontré, son:

a. El reino de los cielos es lo mismo que el reino de Dios, que se refiere al reino espiritual de Dios sobre los fieles que le sirven. Este reino comenzó en el ministerio de Cristo y se extiende hasta la eternidad. Jesús instruyó a la gente que orara por la venida del reino (Mateo 6:10), y luego declaró que el reino de Dios estaba cerca (Mateo 10:7)[5]

¿Qué conflicto encontramos aquí con la aplicación de los que dicen que el más pequeño en el reino de los cielos es mayor que Juan porque Juan vivió en el tiempo de la ley, y que no llegó a vivir durante la dispensación de la Gracia?

No estoy criticando la definición. ¡Esta definición me encanta! Lo que critico constructivamente, es que no podemos aplicar esa definición a nuestro asunto en cuestión correctamente. Cuando Jesús instruyó a la gente a que orara por la venida del reino, ya él había comenzado su ministerio (Mateo 4:12-25), pero implicaba que el reino todavía no había llegado, sino que estaba cerca. Por otro lado la definición **dice que el reino de los cielos comenzó en el ministerio de Cristo**, pero ya el ministerio de Cristo había comenzado cuando

Jesús dijo esto de Juan. Por esa razón, aunque esté buena o correcta la definición, no está buena para ser aplicada a que el más pequeño en el reino de los cielos es mayor que Juan; a no ser que dijera: "será mayor que Juan", pero no lo dice así.

b. Otra definición dice que el reino de los cielos significa el gobierno mesiánico de Jesucristo, el Hijo de David, en este mundo. Se le llama "el reino de los cielos" porque es el dominio de los cielos sobre la tierra…Tiene un aspecto profético: el reino que se establecerá después del regreso del Rey de gloria (Scofield)[6].

"Nada más, Señor Juez, con el testigo". Esta magnífica definición, que también hay que aplaudir, ya estableció que reino de los cielos tiene un aspecto futuro. Por esa razón, aunque esté buena o correcta la definición, no está buena para ser aplicada a que el más pequeño en el reino de los cielos es mayor que Juan; a no ser que dijera: "será mayor que Juan", pero no lo dice así.

c. Otra definición dice: "Es un reino del que Cristo es Soberano. Es el reino de los cielos, no de este mundo. Juan lo predicó como que estaba cerca, al alcance de la mano; en el van entrando cuantos se arrepientan y crean en el evangelio."[7]

"Nada más, Señor Juez, con el testigo". Esta magnífica definición, que también hay que elogiar, ya estableció que reino de los cielos tiene un presente progresivo, y por lo tanto no es aplicable a que "el más pequeño en el reino de los cielos es mayor que él", frase que encontramos en Mateo 11:11 y en Lucas 7:28; y que sólo admite el tiempo presente en el que fue dicha por nuestro Magnífico Señor Jesucristo. ¿Cuál es el presente progresivo? El presente progresivo es: "van entrando".

d. Un comentario acerca de lo que significa el reino de los cielos, dice así: El reino de los cielos se ha acercado: tal es la razón de Juan para llamar a los hombres al arrepentimiento. Este título que distingue a Mateo, se basa en Deuteronomio 2:44; 7:13,14,27. Se refiere al gobierno mesiánico prometido en el Antiguo Testamento del cual estaba a punto de presentarse Jesús como Rey. "Reino de Dios" es una expresión de significado a menudo más amplio, pero en los evangelios suelen emplearse ambas expresiones como sinónimos. Este mesiánico reino de los cielos, aunque prometido como reino, terrenal, estaría, no obstante, basado en principios espirituales, y requeriría una correcta relación con Dios como condición de ingreso; de allí el llamado al arrepentimiento[8].

"Nada más, Señor Juez, con el testigo". Esta larga e interesante definición, que también es talentosa, ya estableció que reino de los cielos tiene un aspecto futuro, porque los candidatos al reino primeramente necesitan arrepentirse de sus pecados. Vemos que no es aplicable a que "el más pequeño en el reino de los cielos es mayor que él", frase que encontramos en Mateo 11:11 y en Lucas 7:28; y que sólo admite el tiempo presente en el que fue dicha por nuestro Maravilloso Señor Jesucristo.

e. En algún lugar leí o escuché, hace mucho tiempo, que alguien propuso que "el reino de los cielos es el gobierno de Dios en el corazón de los hombres." Y estoy seguro que hay mucha más definiciones. Sin embargo, no todas las que se presenten van a arrojar luz sobre este asunto en cuestión.

Por favor, les voy a pedir que todos aquellos que ya nos arrepentimos de nuestros pecados, que hemos respondido al llamamiento santo, les pido que nadie se atreva decir que es mayor que Juan el Bautista, debido a que está bajo la Gracia y Juan estuvo bajo la ley. Sirvámosle a Dios con todo nuestro corazón; y sabemos que tendremos nuestra recompensa en el cielo. Decir lo contrario, es un error de muchos intérpretes de este tiempo en el que todos dicen tener la verdad.

(¡No me diga que esto cualifica para ser una de las grandes manifestaciones del siglo XX1! De ser así, necesitaría colocar todo este comentario en la última parte de este libro).

Aquí termina el corto paréntesis.
No se olvide que veníamos hablando
de la relación precursor-sucesor
de Juan el Bautista con Jesús.
¡No se me pierda!

Pero la relación precursor-sucesor más bien comenzó cuando acabando la virgen María de haber concebido en su vientre milagrosamente (Lucas 1:35) fue a visitar a su prima Elisabet en la casa del sacerdote Zacarías (Lucas 1:39,40). En el momento que Elisabet escuchó la salutación de María, la criatura saltó en su vientre; y Elisabet fue llena del Espíritu Santo (Lucas 1:41).

Como todo lo que experimenta la madre lo experimenta también la criatura que está en su vientre, Juan saltó lleno del Espíritu Santo desde que estaba en el vientre de su madre (Lucas 1:15, 41).

Muy bien, este fue un corto trasfondo histórico de ambos. Permítame presentar un poco acerca de ellos individualmente; primero de Juan, y luego de Jesús.

Juan el Bautista

En cuanto a Juan el Bautista, la Biblia guarda silencio acerca de muchos detalles de cómo se crio. Sin embargo, sabemos que fue dedicado por sus padres para el servicio de Dios como profeta del Altísimo; y fue el mensajero que Dios envió para prepararle el camino al Mesías (Marcos 1:2).

La Biblia nos dice que Juan crecía, y se fortalecía en espíritu; y estuvo en lugares desiertos hasta que finalmente salió manifestado como "el Bautista" en la nación de Israel (Lucas 1:80).

Su preparación "ministerial" es desconocida. No sabemos cuánto pudieron apoyarle sus padres una vez creció. Tal vez existen escritos – que no están en las versiones de las biblias que tenemos disponibles – que digan cuándo murieron los padres de Juan el Bautista, o si le dejaron algún otro legado. La biblia no nos dice que fue a una escuela de profetas. Solamente podemos asumir que era un nazareo. De haber sido así, no se cortaba el cabello, no bebía vino ni sidra, siendo consagrado a Jehová, según establecía la ley en Números 6. De hecho, Jesús dijo que Juan "no comía ni bebía vino" (Mateo 11:18; Lucas 7:33). También sabemos que estuvo en lugares desiertos, posiblemente con los esenios quienes también llevaban una vida ascética, hasta que finalmente sale públicamente ante el pueblo de Israel.

¿Cuál era el tema de la predicación del Bautista y cómo lo predicaba?

Su tema era el bautismo del arrepentimiento para perdón de pecados; y lo predicaba diciendo: "Arrepentíos, porque el reino de los cielos se ha acercado" (Mateo 3:2; Marcos 1:4; Lucas 3:3).

Juan no temía decirle la verdad a las autoridades (Mateo 3:7-10; Lucas 3:19).

¿Cómo vestía este mensajero de Dios?

En el momento en que Juan aparece cumpliendo con su llamamiento profético estaba vestido de pelo de camello, y tenía un cinto de cuero alrededor de sus lomos; y su comida era langostas y miel silvestre (Mateo 3:4; Marcos 1:6).

Esto sugiere que la ropa que usaba era la misma por mucho tiempo. En ninguna parte se nos dice que la gente le regalaba ropa de pelo de camello para que se pusiera una limpia y diferente con frecuencia. Su atuendo era conforme al lugar de donde venía. Él salía de un desierto rústico donde ninguno de los moradores usaba vestiduras delicadas. Cuando Jesús les habló a la gente de la vestidura de Juan, les dijo que no pensaran que iban a ver a Juan usando vestiduras delicadas, porque los que tienen vestiduras delicadas son los que viven en deleites en los palacios, que son las casas de los reyes (Mateo 11:8; Lucas 7:25).

¿Cualificaban todos los que venían a bautizarse para ser bautizados?

¡No! No todos los que venían donde Juan cualificaban para bautizarse. A los que no cualificaban debido a sus convicciones personales, o debido a otras razones, él Bautista primero les explicaba; y muchos confesaban sus pecados (Mateo 3:5, 6; Marcos 1:5; Juan 1:28).

¿Qué les explicaba el Bautista a los que venían a él?

A las multitudes que salían a él, Juan les decía: "¡Oh, generación de víboras! ¿Quién os enseñó a huir de la ira venidera? Haced, pues, frutos dignos de arrepentimiento..." (Lucas 3:7, 8).

A la gente que le preguntó, ¿Qué haremos? Juan los instruyó diciendo: "El que tiene dos túnicas, dé al que no tiene; y al que no tiene qué comer, haga lo mismo" (Lucas 3:11).

A los publicanos que le dijeron: Maestro, ¿Qué haremos? Les dijo: "No exijáis más de lo que está ordenado" (Lucas 3:13). Juan les dijo esto, porque ellos eran judíos quienes cobraban impuestos para el gobierno romano, pero lo hacían en demasía. Se embolsaban dinero y eran odiados por los otros judíos.

A unos soldados que le preguntaron diciendo, ¿Qué haremos? Les dijo: "No hagáis extorsión a nadie, ni calumniéis; y contentaos con vuestro salario" (Lucas 3:14). Esto sería similar a que le dijera a los policías de hoy día que trabajen justamente con todas las personas. Estos no deben tratar a los que son de diferentes colores con injusticia.

A sus discípulos les decía que Jesús era el Cristo esperado. Todos los discípulos de Juan le escucharon muchas veces decirle al público que él bautizaba con agua para arrepentimiento, pero detrás de él vendría uno quien bautizaría con Espíritu Santo y fuego (esto iba preparando las mentes y los corazones de los discípulos de Juan quienes más luego se iban a convertir en discípulos de Jesús).

Al rey Herodes, quien estaba viviendo inmoralmente unido con Herodías la mujer de Felipe, su hermano (Marcos 6:17) le dijo: "No te es lícito tener la mujer de tu hermano" (Marcos 6:18). Por esa razón Herodes lo encadenó y lo metió en la cárcel; y terminó decapitándole (Marcos 6:28).

¿Qué le diría Juan el Bautista a los
líderes y cristianos de hoy día?

A los que le digan que quieren ser ministros del Señor, Juan les diría algo muy similar a las palabras que luego escribió el apóstol Pablo: Si siente y quiere ser un pastor o un ministro, buena obra desea, pero es necesario que el obispo sea irreprensible…(Tito 1:7 – 9)

A los que le preguntarían si podrían ellos predicar a Cristo también, les diría que lo prediquen, pero que no lo hagan por envidia ni por contienda.[3]

A muchos de los pastores que vinieran donde él, les diría: Ustedes se visten como si fueran reyes, o altos ejecutivos, usando un traje diferente todas las semanas. Ustedes son orgullosos y arrogantes que tienen una falsa prosperidad. Dejen el orgullo y la arrogancia y pónganse a atender las necesidades de los miembros de sus iglesias. Les piden el diezmo, pero ellos tienen familiares que están pasando grandes necesidades. Recuerden que juicio sin misericordia se hará con el que no tiene misericordia.

A muchos de los evangelistas que vinieran a él, les diría: Ustedes van de iglesia en iglesia y usan sus talentos más para recoger ofrendas y donaciones que para salvar almas del infierno. Arrepiéntanse, porque todo árbol que no da buen fruto será cortado y echado al fuego.

¿A cuántas personas bautizaba Juan?

---

[3] Hay muchos que predican la Biblia por envidia y contienda, según nos dice Pablo en Filipenses 1:15.

"Y salía a él Jerusalén, y toda Judea, y toda la provincia alrededor del Jordán" (Mateo 3:5); "Y salían a él toda la provincia de Judea, y todos los de Jerusalén." (Marcos 1:5).

En realidad, aquí tenemos uno de los ejemplos de lo que es una hipérbole o exageración en las figuras retóricas del lenguaje que contiene la Biblia. Esto significa que una mayoría de las personas venían a él, pero no un cien por ciento de la población.

Juan no bautizaba a todos los que venían a él. Algunos de los visitantes venían por curiosidad; y otros venían a criticar. Nos relata el evangelio de Lucas que los fariseos y los intérpretes de la ley desecharon los designios de Dios respecto de sí mismos, no siendo bautizados por Juan (Lucas 7:30).

¿Dónde bautizaba Juan el Bautista y qué predicaba?
Él bautizaba a muchos en el río Jordán, y en Betábara, al otro lado del Jordán, y también en Enón, junto a Salim, porque había allí muchas aguas; y venían, y eran bautizados. Él predicaba y bautizaba en el desierto de Judea y por toda la región contigua al Jordán (Mateo 3:1; Marcos 1:4; Lucas 3:3; Juan 1:28; 3:23).

Juan les decía a todos los que se venían a bautizar: "Yo a la verdad os bautizo en agua, pero viene uno más poderoso que yo, cuyo calzado yo no soy digno de llevar, ni de desatar encorvado la correa de su calzado; él os bautizará en Espíritu Santo y fuego" (Mateo 3:11; Marcos 1:7; Lucas 3:16).

¿Tenía Juan discípulos? Si los tenía, ¿Cuántos eran?

Juan el Bautista no estaba solo. Además de tener a Dios, también tenía discípulos (Mateo 11:2; Lucas 7:18; Juan 1:35). Nos dice Lucas 11:1 que Juan enseñó a orar a sus discípulos.

La Biblia no nos dice cuántos discípulos tenía, pero dentro de ellos estaba Andrés, el hermano de Simón Pedro (Juan 1:40); y también Juan, uno de los dos hijos de Zebedeo el pescador (aunque Juan no se identifica directamente porque es discreto, siendo él el mismo autor del evangelio de Juan (Juan 1:40).

Jesús

Aparte del relato de su nacimiento de Jesús que nos brindan los evangelios sinópticos, solamente se menciona el incidente en el templo con los doctores de la ley cuando tenía 12 años. Los doctores de la ley se quedaron maravillados escuchando cómo Jesús respondía todas las preguntas que le hacían (Lucas 2: 46-47).

La Biblia guarda silencio en cuanto a lo que sucedió en la vida de Jesús desde sus 12 años hasta que aparece a bautizarse cuando tenía como 30 años (Lucas 3:23). Él vivió una vida santa, pura y sin mancha. De no haber sido así, no podría ser el Cordero perfecto que demandaba el Padre para que los pecados de los seres humanos pudieran ser perdonados de una vez y para siempre.

¿Por qué Jesús se bautizó?

Jesús necesitó bautizarse para cumplir toda justicia (Mateo 3: 13-17; Marcos 1: 9-11; Lucas 3: 21,22; Juan 1:31-34).

En el Antiguo Testamento estaba establecido que el sacerdote era lavado con agua antes de ejercer su oficio (Éxodo 29: 4); y Jesús al bautizarse cumplió con esa justicia antes de comenzar oficialmente con su ministerio público.

"Eso significa que Jesús deseaba identificarse con la nación judía y tomar sobre sí la obligación de guardar toda la ley (véase Gá 4:4)." (Pearlman, 1952)[9].

¿Por qué Jesús fue tentado?

Jesús necesitó vencer una terrible tentación habiendo ayunado cuarenta días y cuarenta noches (Mateo 4: 1- 11; Marcos 1:12,13; Lucas 4:1-17).

Jesús fue tentado, entre otras razones, para:

a. Ser nuestro modelo demostrando la humildad. Es inmediatamente después de haber tenido un maravilloso momento con nuestro Creador, que Dios le permite al diablo que nos tiente; así nos enseña a ser humildes.

b. Asegurarnos que podemos vencer toda tentación, sea cual sea, pues nos garantiza que vendrá en nuestro socorro. "Pues en cuanto él mismo padeció siendo tentado, es poderoso para socorrer a los que son tentados" (Hebreos 2:18).

c. Darnos su ejemplo de ejercitar nuestra paciencia. Él demostró paciencia en cada una de las tres tentaciones, pues en cada una de ellas él tendría la oportunidad de hacer todas aquellas cosas, pero en el tiempo en que el Padre quisiera, no cuando al diablo se le antojara.

La Palabra nos sugiere que después de su bautismo y al final de la tentación fue lo que marcó el comienzo del ministerio público de Jesús. Tan pronto como salió de aquel desierto caluroso comenzó a predicar en Capernaum, ciudad de Galilea.

Nos dice la Santa Palabra: "Después que Juan fue encarcelado, Jesús vino a Galilea predicando el evangelio del reino de Dios, diciendo: el tiempo se ha cumplido, y el reino de Dios se ha acercado, arrepentíos y creed en el evangelio." (Marcos 1: 14-15).

A este punto, Jesús no tenía seguidores todavía, pero estaba lleno de la gloria de Dios. Le comunicaba a la gente con voz potente que se arrepintieran porque el reino de Dios se había acercado.

Ese era, precisamente el mismo mensaje que Juan el Bautista había estado predicando. Pero Juan el Bautista estaba ahora preso; y ya no le podía comunicar a la gente que se arrepintieran y que creyeran en el evangelio porque el reino de los cielos se había acercado.

Jesús supo que el tiempo de comenzar había llegado; y sabía que iba a necesitar personas capacitadas que continuaran con el mensaje una vez que él regresara al Padre.

Pero los discípulos fueron llamados en el tiempo apropiado. Estos fueron llamados cuando Jesús sabía que estaban preparados para responder, porque ya habían pasado por un proceso aplicable a sus diferentes personalidades.

¿Cuál fue ese proceso?

Los cuatro evangelios nos lo declaran.

Lucas 5: 1- 11

En Lucas 5: 1 – 11 encontramos más detalles acerca del llamado a cuatro pescadores basado en el relato de la primera de las pescas milagrosas.

Explicación

Juan el Bautista tenía algunos discípulos a quienes les decía que él bautizaba en agua para arrepentimiento, pero que detrás de él vendría otro quien en honor y en gloria era primero y mucho más importante que él (Juan 1:30).

¿Quién era este que vendría después de Juan y por qué era tan importante? El que vendría después de Juan era "el Hijo del hombre" prometido; y a quien los judíos esperaban con ansias. Es lógico suponer que Juan les dio lecciones bíblicas a sus discípulos quienes se interesaron mucho en saber más acerca del Mesías prometido.

Debemos notar que a diferencia de los que sugieren que la frase "el Hijo del Hombre" significa que el término "Hombre" es debido a la naturaleza humana de Jesucristo, es mucho más correcto explicar que se refiere a una frase bien reconocida por los judíos como solamente otorgada al Mesías esperado.

En Daniel 7:13,14 encontramos una buena referencia que sugiere la razón por la cual los judíos entendían que la frase "el hijo del hombre" se refería al Cristo (al Ungido, en griego), al Mesías (el Ungido, en hebreo). Por esa razón debemos aclarar que aunque muchos piensan que la frase "hijo del hombre" en la Biblia se refiere a la naturaleza humana de Cristo, en realidad no es así, porque se refiere a su naturaleza divina.

Daniel dice: "Miraba yo en visión de la noche, y he aquí con las nubes del cielo venía uno como un hijo de hombre, que vino hasta el Anciano de días, y le hicieron acercarse delante de él. Y le fue dado dominio, gloria y reino, para que todos los pueblos, naciones y lenguas le sirvan; su dominio es dominio eterno, que nunca pasará, y su reino uno que no será destruido" (Daniel 7:13,14).

Esta escritura había sido leída y bien estudiada por los judíos; y Juan el Bautista la conocía bien y se lo comunicó a sus discípulos. ¡Los judíos esperaban con ansias a este "hijo de hombre" que apareciera!

El sumo sacerdote le preguntó: ¿Eres tú el Cristo, el Hijo del Bendito?

Jesús le dijo: Yo soy; y veréis al Hijo del Hombre sentado a la diestra del poder de Dios, y viniendo en las nubes del cielo."

Cuando Cristo reveló que él era "el Hijo del Hombre" (Marcos 14:62), el sumo sacerdote rasgó sus vestiduras y dijo que Jesús había blasfemado; y rápidamente Jesús fue condenado a muerte.

(Escuché la explicación a Daniel 7:13,14 en lo que respecta al significado de la frase "el hijo del Hombre" por la radio el día 5 de abril de 2022. La escuché por WPJL Christian Radio 1240 AM en Raleigh, donde el doctor William Suttles daba la demostración de una de sus clases que ofrece *"Raleigh Institute of Biblical Studies" (RIBS)*[10]; y por fin entendí este asunto mejor. ¡Gloria a Dios!).

Por lo tanto, podemos sugerir que Juan el Bautista ya les había explicado a sus discípulos que el que venía detrás de él era primero y mucho más importante (Juan 1:30).

Por esa razón, cuando Jesús vino desde Nazaret de Galilea hasta el Jordán a bautizarse (Mateo 3:13; Marcos 1:9), tan pronto Juan lo vio, dijo: "He aquí el Cordero de Dios que quita el pecado del mundo." (Juan 1:29).

Y dijo a sus discípulos: "Este es de quien les decía que es mucho más importante que yo." (Juan 1:30).

Juan era un hombre humilde y no quería bautizarlo, porque pensaba que no se merecía el honor de bautizar a Jesús; y le dijo: "Yo necesito ser bautizado por ti, ¿y tú vienes a mí?" (Mateo 3:14).

Jesús, también con humildad le respondió: "Deja ahora, porque así conviene que cumplamos toda justicia."(Mateo 3:15).

Juan quedó convencido; y le bautizó.

Y cuando Jesús terminó de bautizarse y se fue, Juan le dijo a sus discípulos que estaba seguro que Jesús era el Mesías esperado.

¿Cómo puedes estar tan seguro de eso?, le deben haber preguntado sus discípulos.

Él les debe haber respondido diciendo: El que me envió a bautizar con agua me dijo: sobre quien veas descender el Espíritu y que permanece sobre él, ése es el que bautiza con el Espíritu Santo."

Y Juan les continuó diciendo: Cuando él oró y subió del agua, el cielo se abrió y vi a Espíritu Santo descender sobre él en forma corporal como paloma, y vino una voz del cielo que decía: tú eres mi Hijo amado; en ti tengo complacencia (Mateo 3: 16,17; Marcos 1: 10,11; Lucas 3:21,22; Juan 1:29 – 34).

Al siguiente día después de Jesús haber sido bautizado, Juan y dos de sus discípulos vieron a Jesús otra vez, y Juan les dijo: Ahí está el Cordero de Dios. Andrés, el hermano de Simón Pedro y Juan se interesaron mucho; y seguramente con el visto bueno de Juan, buscaron a Jesús para preguntarle (San Juan 1:35-37).

Al atardecer le encontraron y le preguntaron dónde moraba (Juan 1:38-41).

Jesús los llevó donde moraba; y siendo ya como las cuatro de la tarde, se quedaron con él (Juan 1:39).

Parece ser que al otro día (la Biblia no especifica que fue al otro día, pero esto se sobreentiende) los dos discípulos de Juan el Bautista regresaron a sus lugares; y Jesús fue llevado por el Espíritu al desierto para ser tentado por el diablo.

¡Entendamos Mateo 4:1; Marcos 1:12,13 y Lucas 4:1,2!

Mateo, Marcos y Lucas omiten decir lo que acabamos de explicar que sucedió después que Jesús salió del Jordán y antes de Jesús ser llevado por el Espíritu al desierto para ser tentado por el diablo.

¿Cómo lo sabemos?

Lo sabemos porque los evangelios se complementan y nos ayudan a entender la secuencia lógica de cómo debe haber sido que se llevaron a cabo los eventos. Es leyendo en el primer capítulo de Juan, donde leemos que al otro día de Jesús haber sido bautizado, Juan y dos de los discípulos vieron a Jesús; y cuando los discípulos escucharon lo que Juan dijo de Jesús, se interesaron en seguir a Jesús. Como esto sucedió al otro día de Jesús haber sido bautizado, es correcto concluir que los sinópticos omiten este importante detalle. Ellos "brincan" u "omiten" el relato que nos provee Juan acerca de lo que sucedió con los dos discípulos y Jesús entre los dos eventos: entre el bautismo y la tentación de Jesús.

Por ejemplo, nos dice Lucas 4:1,2 "Jesús, lleno del Espíritu Santo, volvió del Jordán, y fue llevado por el Espíritu al desierto por cuarenta días, y era tentado por el diablo. No comió nada en aquellos días, pasados los cuales, tuvo hambre."

Le decimos al doctor Lucas, con todo respeto: Un momento, doctor Lucas, no tan de prisa. El Hno. Juan, quien fue uno de los apóstoles del Señor Jesús, nos dice que al otro día de Jesús haber sido bautizado, él y dos de sus discípulos vieron a Jesús que andaba por allí (Juan 1:36). Por lo tanto, con la autoridad que nos concede la misma Palabra de Dios, le decimos, doctor Lucas, que antes de Jesús ser llevado por el Espíritu al desierto para ser tentado por el diablo, Andrés y Juan estuvieron con él; y fueron donde Jesús moraba y todo.

¡Ahora sí, ahora podemos pasar al relato del ayuno y de la tentación de Jesús!

Jesús ayunó en el desierto cuarenta días y cuarenta noches. ¡Eso fue por más de un mes entero! (Mateo 4:1-11; Marcos 1:12,13; Lucas 4:1-13).

Durante todo ese mes, y más días, que Jesús estuvo en su importante retiro venciendo las tentaciones, Juan el

Bautista había continuado con su ministerio bautizando y llamando al pueblo al arrepentimiento. Reprendió al rey Herodes diciéndole que era un pecado terrible de inmoralidad al estar cometiendo actos sexuales con la esposa de su hermano Felipe. Herodes, con la rudeza de su carácter encadenó a Juan en la cárcel.

Cuando Jesús oyó que Juan estaba preso, volvió a Galilea predicando en el poder del Espíritu el evangelio del reino de Dios (Mateo 4:12; Marcos 1:14; Lucas 4:14).

En aquellos días, toda la región alrededor del mar de Galilea, componiendo un total de 50 x 30 km, quedó dividida en cinco regiones (el Valle del Jordán, Baja Galilea, Alta Galilea, Golán, y las montañas que están más allá del Jordán). Toda esa orilla del mar de Galilea era bien productivas y atractiva para la producción de frutos y para la pesca. Por eso se conoce como "El Paraíso de Galilea."

El mar de Galilea, también de nombre "Genesaret", sale del griego "*Chinnereth*" o "*Kinnereth*", o "el lago de Tiberíades". Este está localizado en una de las áreas que han tenido la fama de ser llamadas "el paraíso de Galilea". Por eso, "Genesaret" es el nombre dado por los evangelios al lago Tiberíades, también en honor a la ciudad fundada a orillas del mar de Galilea.

El mar de Galilea está localizado al noroeste de Israel y es un lago de agua dulce.

La Biblia nos menciona a algunos de los que pescaban en esa región de Galilea.

Aparece Zebedeo, quien tenía dos hijos que le ayudaban (Jacobo, conocido como Santiago el mayor por causa de su estatura, porque era un hombre bien alto; y su otro hijo era llamado Juan).

Zebedeo el esposo de Salomé era un hombre bien exitoso en el negocio de la pesca, porque además de tener a sus dos hijos de ayudantes, le pagaba a algunos jornaleros.

Sucedía que Simón siempre estaba con su hermano Andrés cuando salía a pescar; y muchas veces salían como compañeros de Jacobo y de Juan, cada grupo en su barca. (Algunos comentaristas nos sugieren que Salomé, la madre de Jacobo y Juan, era prima o hermana de María la madre de Jesús).

Un día estos cuatro pescadores – con Zebedeo y los ayudantes – regresaron frustrados y cansados después de pasar toda la noche tratando inútilmente de pescar.

Mas sucedió que en ese mismo día en la mañana Jesús iba caminando y predicando por el lago de Genesaret (Lucas 4:16).

Era costumbre de los pescadores lavar las redes al final de sus jornadas de manera que estuvieran listas para ser usadas de nuevo.

Eso era lo que hacían estos pescadores cuando Jesús los vio esta otra vez, lavaban sus redes. Eran dos barcas. Una de las barcas era de Simón y la otra barca era de Zebedeo.

Jesús se le acercó primero a Pedro y Andrés. Pedro ya sabía que había venido a visitarlo el Mesías, el Cristo, el Rabí, el que había sanado milagrosamente a su suegra de fiebre (Lucas 5:38,39); y rápidamente le cedió que subiera a la barca con ellos. Jesús convenció a Simón que le prestara la barca para predicarle a la multitud que estaba en la orilla, porque en la orilla la multitud le oprimía.

Pedro se la asedió, pues se sentía bien privilegiado de tener en su barca al Hijo de Dios, al Mesías esperado cuya fama ya se había difundido por todos los lugares de los contornos (Lucas 4:37).

Observamos que Jesús sanó a la suegra de Pedro de fiebre (Lucas 4:38,39). Por varios sábados Jesús ya había enseñado en las sinagogas de Capernaum, ciudad de Galilea. Todos se admiraban mucho con su doctrina que iba respaldada con milagros de todo tipo (Lucas 4: 40 – 44). Todos estos acontecimientos prepararon la mente y el corazón de las personas; y especialmente de los que iban a ser discípulos y apóstoles del Maestro.

Cuando Jesús terminó de hablarle a la multitud con su peculiar voz portentosa, Jesús le dijo a Simón que se fuera a lo profundo del mar; y que echara sus redes para pescar.

Pedro tenía poco ánimo para obedecer esta instrucción debido a la experiencia de la noche anterior cuando cogieron nada, pero por su palabra, le obedeció (Lucas 5:5).

Santiago y Juan le acompañaron siguiéndolos a corta distancia.

Cuando Simón y Andrés echaron la red, encerraron tantos peces que ellos dos solos no la podían sacar; y cuando lo intentaron, la red comenzó a romperse.

Simón y Andrés le hicieron señas a Jacobo y a Juan para que vinieran y les ayudaran; y las dos barcas se llenaron de tantos peces que casi se hundían.

¡Todos se asustaron! El susto de Pedro fue tan grande que cayó de rodillas ante Jesús, y le dijo: "Apártate de mí, porque soy hombre pecador." (Lucas 5:8).

Con gran dificultad llegaron a la orilla y sacaron los peces; luego limpiaron y remendaron las redes, mientras hablaban de esta maravilla.

Jesús invitó a Pedro y a Andrés, diciéndoles: Venid en pos de mí y os haré pescadores de hombres." (Aquí está omitido que los dos hermanos hablaron entre sí. Andrés le confirmó a su hermano Pedro que Jesús era el Mesías, que traducido es, el Cristo. Entonces, dejando al instante las redes (sin terminar de limpiarlas) Andrés trajo a Pedro donde Jesús (Mateo 4:20). Jesús le dijo a Pedro: "No temas. Tú eres Simón, hijo de Jonás; tú serás llamado Cefas[4]; y desde ahora serás pescador de hombres" (Lucas 5:10; Juan 1:41, 42); y ambos le siguieron (Mateo 4:20).

Luego, se acercó a la barca donde estaban Jacobo y a Juan limpiando y remendando las redes. A estos también

---

[4] Cefas quiere decir piedra

Jesús llamó. Ellos dejando a su Padre Zebedeo con los jornaleros, le siguieron (Mateo 4:21, 22; Marcos 1:19, 20).

Y fue así como Jesús preparó y llamó a sus primeros discípulos, en esta primera de las dos pescas milagrosas que mencionan los evangelios.

(La otra pesca milagrosa se menciona en San Juan 21: 1-13 cuando ya Jesús había dejado preparados sus doce apóstoles; y cuando ya había resucitado de los muertos y se les presenta a los discípulos por tercera vez después de resucitar de los muertos. En la primera pesca milagrosa Jesús le dijo a Pedro que se fuera a lo profundo del mar (Lucas 5:4). En la segunda pesca milagrosa le dijo que sólo tirara la red a la derecha de barca (Juan 21:6) estando sólo a unos doscientos codos o a unos 300 pies o 100 yardas).

Jesús llama más discípulos

En Galilea también Jesús halló a Felipe y le dijo: Sígueme (Juan 1:43).

Felipe era de Betsaida, la cuidad de Andrés y Pedro (Juan 1:44).

Felipe trajo a Natanael (familiarmente llamado Bartolomé).

Cuando Jesús vio venir a Natanael, que es Bartolomé, dijo de él: He aquí un verdadero israelita en el cual no hay engaño.

Natanael quedó asombrado y le preguntó: ¿De dónde me conoces?

Jesús le dijo a Natanael: Cuando estabas debajo de la higuera, te vi.

Natanael creyó y le llamó Rabí, el Hijo de Dios, el Rey de Israel (Juan 1:47-49).

Jesús le dijo: ¿Por qué te dije: Te vi debajo de la higuera, crees? Cosas mayores que estas verás. Y le dijo: De cierto, de cierto os digo: De aquí en adelante veréis el cielo abierto, y a los ángeles de Dios que suben y descienden sobre el Hijo del hombre (Juan 1:50,51).

Jesús completa el número de sus apóstoles

Luego de pasar toda una noche orándole al Padre, por la mañana Jesús llamó a sus discípulos.

Marcos 3: 7-12 nos explica que la multitud que le seguía a la orilla del mar era inmensa, porque venían de Galilea, de Judea, de Jerusalén, de Idumea, del otro lado del Jordán, y de los alrededores de Tiro y de Sidón,... En resumen, la multitud de discípulos y seguidores era inmensa.

Pero dentro de la multitud de seguidores, Jesús quiso llamar sólo a doce de ellos para llamarlos "apóstoles". Ese número era suficiente, siendo que doce es el número representativo de las doce tribus de Israel, un apóstol en representación de una tribu.

Marcos 3:13 "Después subió al monte, y llamó así a los que él quiso; y vinieron a él." Pero sabemos quiénes fueron a los que él quiso; **él quiso a los que el Padre le dio**: Juan 17:6, 9,12, 24

Marcos 3:14 "Y estableció a doce, para que estuvieran con él, y para enviarlos a predicar."

Lucas 6:13 "…y escogió a doce de ellos, a los cuales también llamó apóstoles."

La palabra "apóstol" significa "enviado."

Los nombres de los doce escogidos están mencionados en Mateo 10: 2 – 4; Marcos 3: 16 – 19 y en Lucas 6:12 – 16.

Los nombres de los doce apóstoles son: Pedro y Andrés su hermano; Jacobo y Juan su hermano; Felipe, Bartolomé (que es Natanael), Tomás, Mateo el publicano; Jacobo hijo de Alfeo, Lebeo (por sobrenombre Tadeo), Simón el cananista o zelote; y Judas el Iscariote (que fue quien le entregó).

Nos llama la atención, entre otras cosas:

a. Que estos llamamientos son irrefutables – son llamamientos especiales que van dirigidos solamente a aquellas personas a quienes no se les da la opción de rechazar el llamado.

b. Que Dios llama a la persona a su debido tiempo; y cuando Dios llama es mejor responder a tiempo – Cuando un padre verdadero, llama a un hijo verdadero, el hijo responde. (Recuerdo donde me crie: Cuando el padre llamaba al hijo, o a la hija, respondían: "Mande"; "Sí, papá"; "Sí mamita";…) Cuando decimos: "Un padre verdadero" o "una madre verdadera" nos referimos a un padre quien sabe educar a sus hijos. Cuando decimos: "un hijo verdadero" o "una hija verdadera' nos referimos a los hijos y las hijas quienes respetan a sus padres. Tan pronto reciben el llamado, responden. El que espera para responder, no respeta ni sabe respetar. Notemos como dice: "…dejando al instante la barca, le siguieron."

c. Que Dios llama a personas trabajadoras y responsables – A Jesús no le importó que algunos de estos hombres a quienes llamó fueran pescadores malolientes y sin educación formal. Jesús sabía el potencial con el que habían nacido y lo que podrían llegar a ser; y así hace con todo aquel a quien llama. Jesús vio que eran trabajadores y responsables, tal y como son todos los hijos de Dios. Ningún hijo de Dios es vago.

d. Que Dios llama a su obra a personas humildes – Dios no quiere jactanciosos ni arrogantes, porque Dios aborrece ese espíritu de "echonería" y de "fanfarronería" que caracterizan a mucha gente.

e. Que Dios llama a personas con personalidades diferentes y las une para que trabajen para su reino.

Aprendemos a amarnos, aunque somos diferentes porque nuestro Maestro se llama Jesucristo.

f. Que Dios nos dice que el evangelio no es tarea de una sola persona. Si cae uno, se levanta otro quien sigue con el mismo mensaje de parte de Dios. Juan cayó preso, pero Jesús continuó. Jesús murió, resucitó y subió al cielo, pero los apóstoles continuaron con la misma predicación. Los apóstoles se murieron, pero la iglesia de hoy continúa llamando al arrepentimiento y predicando que el reino de los cielos se ha acercado. ¡Aleluya!

Conclusión a esta sección

El encuentro de Jesús con sus primeros discípulos no fue tan simple como lo presentan Mateo y Marcos. Este llamamiento necesitó primero pasar por un proceso de preparación psicológica para poder llegar a ser efectivo; y nos percatamos de ello solamente habiendo estudiado lo que los cuatro evangelios nos dicen al respecto.

El Padre esperó el tiempo apropiado para enviar a su Hijo a morir por la humanidad.

El Hijo esperó el tiempo apropiado para comenzar su ministerio público.

A su debido tiempo, el Señor seleccionó dentro de muchos discípulos a doce de ellos para entrenarlos y para que continuaran con el mensaje aun antes de él morir, resucitar y retornar a la diestra de Dios.

Juan el Bautista ya no está físicamente para predicar: "Arrepentíos porque el reino de los cielos se ha acercado."

Jesús de Nazaret ya no está en el mundo físicamente para continuar predicando: "Arrepentíos, porque el reino de los cielos se ha acercado". Pero Jesús está presente en el Espíritu con su Iglesia.

Los doce apóstoles ya no están en el mundo; pero estamos nosotros, la Iglesia de Cristo, a quien él está llamando continuamente para que sigamos llevándole el mismo mensaje al mundo perdido.

Los apóstoles recibieron un llamamiento irrefutable. Ellos aprendieron durante unos tres años y medio con el Maestro. También escucharon la voz del Padre cuando le habló al Hijo (2 Pedro 1:18). Estos fueron testigos de los milagros que realizó Jesús y le vieron después que resucitó de los muertos. ¡Con razón estuvieron dispuestos a morir por la Causa!

Todos los que creemos que Jesucristo es el Hijo de Dios hemos alcanzado una fe igual de preciosa que la fe de los apóstoles (2 Pedro 1:1). Por lo tanto, no le hagamos esperar nuestra respuesta, porque este llamamiento es irrefutable.

Aquí presento parte de un himno antiguo que menciona a los doce apóstoles.

Iba Jesús predicando por los montes y colinas
Y de toditos los pueblos, mucha gente le seguía
Y viendo las multitudes, como ovejas sin pastor
Llamando a sus discípulos, a predicar les envió

Estaban Pedro y Andrés, Jacobo y su hermano Juan
Felipe y Bartolomé, Tomás y Mateo el publicano
Jacobo hijo de Alfeo, Lebeo y Simón el cananista
Y Judas el Iscariote el cual a Jesús entregó

¿Cómo le gustó este resumen? ¿Tiene algunas críticas?
Por favor, si las tiene, que sean constructivas.

En este tema vimos que el llamamiento para los
escogidos de Dios es irrefutable. En la próxima sección
veremos que el llamamiento puede ser refutable por
muchos, porque Dios nunca interfiere con el libre albedrío
que le dio al ser humano.

El misterio de la elección o predestinación

El misterio de la elección o predestinación

Dos de las definiciones de predestinación

Predestinación significa "Destinar anticipadamente[11] una cosa para un fin. Destinar y elegir Dios a los que por medio de su gracia han de lograr la gloria."

"Predestinación es el ejercicio eficiente de la voluntad de Dios, por el cual se llevan a cabo las cosas que Él ha determinado de antemano." (Scofield, 1960[12]).

Comentario

Dios es Omnisciente. Eso significa que sabe todas las cosas. Esto incluye las cosas pasadas, las presentes y las que han de pasar.

Nada hay injusto en que Dios sepa con anticipación quienes van a lograr la gloria y quiénes no.

Olvídese de tratar de entender las explicaciones filosóficas y teológicas al respecto. No es necesario complicar el asunto comparando a Juan Calvino quien estableció que la predestinación es absoluta, con su ministro u otros quienes dicen que la predestinación no es absoluta, o de que si esto, o de que si aquello.

Todos los que hablan de la predestinación, posiblemente lo hacen porque vieron el término primeramente en las Sagradas Escrituras.

Muchos establecen diferencias entre "elección" y "predestinación". Sin embargo, en la Biblia ambos términos están tan estrechamente relacionados el uno con el otro, que resultaría un esfuerzo inútil el tratar de separarlos. La elección significa seleccionar a alguien o a algo entre varios en el momento presente, pero la predestinación significa destinar con anticipación a alguien o a algo para que sea realizado en el futuro.

Dios elige a ciertas personas individuales para hacer algún trabajo específico para Él (Lucas 6:13; Hechos 9:15).

Dios también elige colectivamente para su gloria. Así Dios eligió a la nación de Israel de entre todas las naciones; y también escogió a la Iglesia como la novia, y luego, como la esposa del Cordero (Isaías 45:4; Efesios 1:4; Apocalipsis 19:7; 22:17).

La predestinación no es injusta, porque a todos se nos da la oportunidad de elegir si queremos ir a la gloria, o si no queremos portarnos bien en esta vida. Todos tenemos el libre albedrío; y eso es justo y razonable.

Por ejemplo, usted decidió conseguir este libro. Si quiere no lo lee, o lee un poquito, o lo lee completo, porque Dios le ha dado esa facultad. Él sabe con anticipación si aprenderá algo leyendo este libro y lo apreciará, o si lo menospreciará. Lo que decida hacer con este libro: guardarlo, tirarlo, o lo que haga, ya Dios lo sabe con anticipación; y es razonable que él lo sepa porque es Omnisciente.

¡Pero que quede claro que la decisión es suya, y no de Dios!

Esto está un poco misterioso ¿verdad?

¡Aclaremos!

Debemos interpretar todo lo que leemos relacionado con la predestinación usando las definiciones aprendidas y aplicando el concepto del libre albedrío. Cuando encontremos algo que parezca contradecir estos principios, simplemente tratemos de entender el versículo o el pasaje bíblico considerando el tiempo en el que algo fue dicho y las diferencias culturales, entre otras cosas. Para ayudarnos a entender el mensaje, a veces nos conviene parafrasearlo.

Por ejemplos:

a. San Juan 1:12,13 dice así: "Mas a todos los que le recibieron, a los que creen en su nombre, les dio potestad de ser hechos hijos de Dios; los cuales no son engendrados de sangre, ni de voluntad de carne, ni de voluntad de varón, sino de Dios."

¿Está diciendo esta referencia que Dios es injusto porque elige a algunos para hacerlos sus hijos y escoge a otros para que no sean sus hijos?

¡No! Ahí en verdad está enseñando que los que pusieron en acción su libre albedrío **para recibir** al Hijo de Dios, para creer en Su nombre, y para escoger ser engendrados por voluntad de Dios, estos son hijos de Dios. Son hechos hijos porque son creyentes.

También observamos, que automáticamente los que pusieron en acción su libre albedrío **para no recibir** al Hijo de Dios, y para no creer en Su nombre, escogieron voluntariamente ser solamente engendrados de carne y sangre y de voluntad de varón, pero no de voluntad de Dios. Estos no son hechos hijos, porque escogieron no ser creyentes.

Antes de uno nacer, no puede escoger porque no ha nacido; pero una vez nacido y con capacidad de juicio propio, sí puede escoger obedecer los mandamientos de Dios.

Unos deciden creer en Dios y otros deciden no creerle.

¡Que quede claro que quien decide es la persona, no Dios!

b. ¡Lea o recuerde lo que dice Juan 3:16!

Entendemos además del mensaje directo, que el que no cree en Él, se pierde; o sea, no alcanza la gloria. ¿Correcto? ¡Correcto!

c. En 1 Pedro 1:2 la Biblia nos dice: "Elegidos según la presciencia de Dios Padre en santificación del Espíritu, para obedecer y ser rociados con la sangre de Jesucristo…"

Aquí se introduce el concepto de "presciencia" que significa "conocimiento previo", pero que se refiere al "conocimiento que Dios tiene de todo lo que va a suceder, incluso de los actos libres."(Larousse, 2005)[13].

d. ¡Lea Hechos 2:47; 4:28 y 13:48! Observe como dice: "…y el Señor añadía cada día a la iglesia los que habían de ser salvos."; "para hacer todo cuanto tu mano y tu consejo habían antes determinado que sucediera"; "y creyeron todos los que estaban ordenados para vida eterna."

De primera impresión nos parecería injusto que con anticipación Dios haya decidido salvar a unos, y no salvar a otros. Sin embargo, aprendemos que nos es así.

El capítulo 13 del libro de los Hechos relata que Saulo, Bernabé, Juan Marcos, y el doctor Lucas, salieron al primer viaje misionero (Lucas iba con ellos, tomando nota de todo y observamos que Juan se regresó a Jerusalén (13:13). Enseñaron en las sinagogas judías en los sábados (13:42) y explicaron bien que el evangelio es para todos – judíos y gentiles – y todos se regocijaban.

El capítulo recalca que las personas que están ordenadas para vida eterna (predestinación) escuchan la Palabra y la creen (13:48). Esto parece implicar que los que no están ordenados para vida eterna, no creerán, por más que se les predique y se les enseñe.

Igualmente, nos parece injusto que algunos estén destinados a creer; y que otros estén destinados a no creer. La misma idea la repite el apóstol Juan en 1Juan 4:6 "…el que conoce a Dios nos oye; el que no es de Dios, no nos oye."

Como todo se trata de explicar científicamente, algunos han sugerido que tiene que ver con nuestro cerebro. Ellos dicen que unos nacen con alguna célula o neurona que les ayuda a creer en Dios y otras personas nacen sin esas células o neuronas.

Si eso fuera cierto, entonces Dios sería injusto, porque ¿Cómo le va a exigir a alguien que crea en Él, si no tiene capacidad para hacerlo?

Si aquello fuera cierto, entonces los católicos están bien, porque en definitiva a Dios no le quedaría otro remedio que escuchar a los que piden por los que están en "el purgatorio", para que todos logren la gloria.

Aplicando lo que hemos aprendido, sabemos que Dios sabe con anticipación quién le va a hacer caso a la predicación del evangelio y quién la ignorará; y así es como debemos entender protestantemente estas lecturas.

e. ¡Lea Romanos 8:29,30! Observamos que el apóstol Pablo creía en la predestinación. Los creyentes también debemos de créelo. No lo creemos porque famosos teólogos la enseñaron o la enseñan. Aquellos "teólogos" quienes no comparten nuestro puntos de vista, simplemente se equivocaron o se equivocan. Aquí aplica lo que me dijo un soldado en la Arabia Saudita: "El mundo entero está mal. Tú eres el único que estás bien."

f. 1 Corintios 2: 7 Nos indica que Dios nos predestinó para darnos una sabiduría oculta, la cual es un misterio, pero nos la revela por el Espíritu.

La persona natural no puede ver estas cosas y les parecen locura; pero no son locura. Es que ellas deben ser discernidas espiritualmente.

Todos somos humanos o naturales. Sin embargo, algunos podemos creer en la existencia de Dios y otros parece ser que no pueden. Protestantemente creemos que en realidad sí pueden creer, pero simplemente deciden no hacerlo.

g. ¡Lea Efesios 1: 5, 11! Como se trata del mismo apóstol Pablo otra vez, y ya está estereotipado, los voy a dejar con estas últimas referencias, a las cuáles sé que le pueden aplicar lo aprendido aquí.

Esto no significa que no existan más referencias bíblicas que son aplicables. Tiempo y espacio nos faltaría para hablar de Génesis 2:16,17; 4:7; 12: 9-11…y…! En fin, son muchísimas referencias!

¡El alma que pecare, morirá!

El alma que pecare, morirá

Hace más de cincuenta años, cuando era un jovencito escuchaba cantar por la radio un hermoso himno, parte del cual dice:

Dios hizo al hombre santo, con poder
Para habitar la tierra de placer
Si Dios lo hizo así, así ha de ser
El alma que pecare morirá

El viento le respondió su sentir
Cuando el hombre desobedeció a Dios
Le repite nuevamente la sentencia
El alma que pecare, morirá…

El autor o la autora de aquella hermosa alabanza de adoración, indudablemente se inspiró en el capítulo dieciocho de Ezequiel. Este capítulo, así como lo es toda la Palabra, es bien significativo.

Estoy seguro que si cada uno de nosotros tomamos el tiempo y leemos Ezequiel 18 completo, cada uno va a recibir un mensaje de parte de Dios conforme a su necesidad particular.

En muchos pasajes de la Biblia encontramos lecturas que nos llaman mucho la atención. No es para menos: Hebreos 4:12 nos dice que la palabra de Dios es viva y es eficaz, y más cortante que toda espada de dos filos. Que penetra hasta partir el alma y el espíritu, y las coyunturas y los tuétanos, y discierne los pensamientos y las intenciones del corazón".

Dependiendo de cuál sea nuestra necesidad y de cuán urgente sea el mensaje de Dios para nosotros, es que Dios se encarga de hacernos sentir el efecto de su Santa Palabra en nuestras vidas.

Una persona quien vive en paz y nunca ha estado en un conflicto de guerra donde ha estado frente a frente con el peligroso enemigo, leer un pasaje que mencione la guerra puede que no le cause impresión alguna. Pero un soldado quien está frente al enemigo y sabe todos los armamentos que puede usar el enemigo para destruirlo, cuando lee Isaías 2:4 y en Miqueas 4:3 "No alzará más espada nación contra nación; ni se prepararán más para la guerra"…esta palabra le penetra; y puede ser que le haga llorar.

De una manera similar, una persona sana que lea acerca del poder de Dios para sanar a los enfermos, no se siente muy conmovida por esa palabra. Pero alguien quien está con cáncer terminal, o tiene alguna otra enfermedad física, o mucho dolor, escuchar que Jesús está aquí y que le puede sanar, este individuo le presta mucha atención a un mensaje que hable del poder de Dios para sanarle.

Muchos ricos, por ser ricos no sienten necesidad de apreciar la obra de Jesucristo. Sin embargo la mayoría de los pobres reciben a Jesús con sus brazos abiertos; y lo hacen por fe. Por eso nos dice la Palabra en Lucas 4:18-19 "El Espíritu del Señor está sobre mí, por cuanto me ha ungido para dar buenas nuevas a los pobres; me ha enviado a sanar a los quebrantados de corazón; a pregonar libertad a los cautivos, y vista a los ciegos; a poner en libertad a los oprimidos; a predicar el año agradable del Señor".

Este principio, esta verdad acerca de cuál sea nuestra necesidad y de cuán urgente es el mensaje de Dios para nosotros, es lo que determina que Dios se encargue de hacernos sentir el efecto de su Santa Palabra.

Hoy es necesario que creamos que Dios nos trae este mensaje que encontramos en Ezequiel 18, porque lo necesitamos. Dios sabe lo que hace y cuándo lo hace. Créame que no está leyendo este libro por casualidad.

¡Déjeme contarle!

El pueblo de Dios había sido llevado cautivo por Nabucodonosor a Babilonia; y a Ezequiel le tocó vivir en Tel-abib de Babilonia. Allí lo llamó Dios a profetizar. Debido a que estaban tan oprimidos y sufridos tenían un feo, un desagradable, un malvado proverbio o refrán que decía "**los padres comieron las uvas agrias y los dientes de los hijos tienen la dentera**".

Esto lo que significaba era que los judíos oprimidos por Nabucodonosor, estaban echándole la culpa a Dios, acusándole de ser injusto al castigar a la generación actual por los pecados de sus antepasados. Esto era como decir: estamos sufriendo injustamente, los que pecaron fueron nuestros padres, ¿por qué tenemos que pagar nosotros por los pecados de ellos?

Y ¿Qué hizo Dios?

¡Dios se vindicó! Esto es, Dios defendió su Palabra, porque fue censurado injustamente. Dios les explicó a través del profeta, que cada cual pagará por sus propios pecados. Que ya no será como en el tiempo antiguo mencionado en Éxodo 34:7 donde se castigaba hasta la tercera y la cuarta generación, sin que los últimos tuvieran claro el concepto de la razón por la cual sufrían.

El pecado de la idolatría es considerado bien malo ante Dios, tan malo que Dios les aseguraba que todos los idólatras de los hijos, nietos y bisnietos también serían castigados. No era que Dios castigaba a la tercera y la cuarta generación siendo estas generaciones inocentes. Era que los castigaba porque también ellos seguían "comiendo uvas agrias".

Dios le asegura al pueblo que sus mandamientos les son recordados, para que no tuvieran excusas. Por eso

Dios les aclara que tienen que entender de una vez y por todas el concepto de que "**El alma que pecare** (se refiere a la persona que pecare), esa persona **morirá**.

El capítulo enfatiza que la justicia de Dios es imparcial; de modo que uno no pagará por el pecado que hizo otro, sino que cada cual pagará por sus propias fallas.

¡Tengamos cuenta!

¡Alejémonos de todo indicio de idolatría! A los idólatras, Dios los considera ser "generación de víboras" (Mateo 23: 32 – 33).

¡No comamos alimentos que contengan muchos ácidos o astringentes, porque nos va a dar dentera!

¿Qué más les dijo Dios?

Dios les dijo todo lo malo que ellos estaban haciendo. Estaban abrogando los mandamientos del Decálogo (Éxodo 20: 3-17; Deuteronomio 5: 7-21). En las biblias protestantes están resumidos así:

1. No tendrás dioses ajenos delante de mí
2. "No te harás imagen, ni ninguna semejanza de lo que está arriba en el cielo…"
3. No tomarás el nombre de Jehová tu Dios en vano
4. Acuérdate del día re reposo para santificarlo
5. Honra a tu padre y a tu madre
6. No matarás
7. No cometerás adulterio

8. No hurtarás
9. No hablarás contra tu prójimo falso testimonio
10. No codiciarás la casa de tu prójimo, no codiciarás la mujer de tu prójimo,…

En la biblia católica están resumidos así:

1. Yo soy el Señor tu Dios, no tendrás dioses ajenos delante de mí
2. No tomarás el nombre de Jehová tu Dios en vano
3. Acuérdate de reposar en el día del Señor
4. Honra a tu padre y a tu madre
5. No matarás
6. No cometerás adulterio
7. No robarás
8. No hablarás contra tu prójimo falso testimonio
9. No codiciarás la mujer de tu prójimo
10. No codiciaras los bienes de tu prójimo

Abrogaban el primer gran mandamiento resumido en Deuteronomio 6:5 "Y amarás al Señor tu Dios de todo tu corazón, y de todas tus fuerzas", cuando no cumplían los primeros cuatro mandamientos del Decálogo en la biblia protestante (primeros tres en la católica), o la ley moral de Dios que es eterna.

Abrogaban el segundo gran mandamiento resumido también en Romanos 13:9 "Amarás a tu prójimo como a ti mismo" cuando no cumplían los últimos seis mandamientos del Decálogo en la biblia protestante (los últimos siete en la católica), que es la ley moral de Dios, que es eterna.

¿Qué hacían? Se subían a los montes a comer comida sacrificada a los ídolos.

¿Qué significa eso de que comían sobre los montes?

Lo que comían en los montes eran comidas ofrecidas a los ídolos. Estaban haciendo sacrificios en los lugares altos a otros dioses. Se iban a los montes a levantar sus ojos en adoración a otros dioses, como sigue diciendo el versículo seis. Esta adoración no se hacía en una hora o dos. Se echaban todo el día; y más de un día. Durante el transcurso de las horas les daba hambre y comían en los mismos montes donde adoraban a los dioses paganos.

Pero alguno dirá, "Eso era para los judíos. Eso es escritura vieja".

¡Ni se le ocurra decir eso!

La Biblia nos dice muy claramente en 1 Corintios 10:20 que lo que los gentiles sacrifican, a los demonios lo sacrifican, y no a Dios.

Ezequiel 18:6 nos dice que ellos también adulteraban. Adulteraban teniendo relaciones sexuales con la mujer de otro, violando así el séptimo mandamiento en la biblia protestante (el sexto en la católica) que dice: **No adulterarás**; y también violaban las ordenanzas de abstenerse de impurezas físicas.

Robaban quebrantando el octavo mandamiento de la biblia protestante (el séptimo en la católica) que dice: **No hurtarás**; y no devolvían la prenda (vs. 7)

Permítame explicar un poco lo que significa este asunto de no **devolver la prenda**.

Deuteronomio 24: 10 – 13 "Cuando entregares a tu prójimo alguna cosa prestada, no entrarás en su casa para tomarle **prenda**. Te quedarás afuera, y el hombre a quien prestaste te sacará la prenda. Y si el hombre fuere pobre, no te acostarás reteniendo aún su prenda."

Hoy día tenemos lo que se conoce como "**Casa de Empeño**" (*Pawn Shops*). Son estos lugares que le prestan dinero a la gente, pero no sin antes retener algo de valor del que toma prestado. Lo que la persona entrega de valor se conoce como "empeño". Tenemos, entonces, que "empeñar" es entregar algo de valor en depósito para obtener un préstamo. Cuando la persona termina de pagar lo que tomó prestado, en el tiempo que le estipuló el contrato con el prestamista; entonces puede recoger sus joyas, su televisor, su reloj, su computadora, su cámara, su instrumento musical, o lo que fuera que dejó en depósito. Cada uno de estos objetos representan aquella "prenda" que se ponía en depósito en los tiempos antiguos.

En aquellos tiempos, esto era parecido; y se tomaban por prendas diferentes cosas de valor del que tomaba prestado. Una de estas cosas podía ser su abrigo, podía ser cualquier otra pieza de vestir, una piedra de molino, o cualquiera otra cosa que tuviera valor. La ley estipulaba que si la persona entregaba su vestido por la mañana como prenda, el prestamista prometía devolverlo por la tarde, para que el que lo entregó no tuviera que sufrir frío (Éxodo 22:26; Ezequiel 18: 7, 12; Job 22:6; Amós 2:8). Pero algunos prestamistas no devolvían la prenda, pecando así contra las ordenanzas de Dios.

¡Hay que devolver la prenda!

¡Tenemos que cumplir con lo que prometemos!

Dios nos ha dado el ejemplo que tiene que ver con este asunto de entregar algo por adelantado y prometer que cumplirá a su debido tiempo.

¿Qué ejemplo Dios nos ha dado?

Entre otras cosas, nos da "las arras de su Espíritu". Sabemos que Dios nos dará lo que nos ha prometido. Dice la Palabra que lo que ahora hemos recibido "en parte" en el tiempo de Dios, lo recibiremos completo.

¡Ésa es promesa de Dios, y Dios nunca falla en cumplir sus promesas!

Es en 1 Corintios 13: 9, 10 que leemos: "Porque en parte conocemos, y en parte profetizamos; mas cuando venga lo perfecto, entonces lo que es en parte se acabará".

La Palabra nos dice en 2 Corintios 1:22; 2 Corintios 5:5 y en Efesios 1:14 que Dios nos ha dado "las arras del Espíritu"; "…es las arras de nuestra herencia…".

En el sentido humano, se acostumbra entregar una suma de dinero que sirve como garantía de que un contrato se cumplirá. En el sentido espiritual, Dios nos ha dado su

Espíritu por adelantado, con lo cual se compromete para bendecirnos más en el futuro; pero Dios no nos va a quitar su Espíritu una vez que nos lo ha dado las "arras". Las arras son el depósito inicial, el **primer pago que nos sirve de garantía**, porque él es justo.

Observemos que Dios nunca deja de hacer lo que debe hacer, porque Dios no peca.

Observemos que el tiempo antiguo, Dios instruía a que se devolviera la prenda al deudor aunque este no hubiese sido capaz de haber pagado su deuda, si existían ciertas condiciones: Si el no recibir la prenda le iba afectar la salud física, su vida, o la vida de otras personas, la prenda debería ser devuelta antes que llegara la noche. Esto es, antes que llegue el frío de la noche, la persona necesita su vestimenta. Job 22:6 podría ser interpretado así. (aunque Job fue acusado injustamente por sus amigos de no devolver la prenda como exigía la ley. Sabemos que Dios salió al rescate de Job y lo bendijo al final. Job recibió mucha más bendición que la que había tenido antes de sufrir la terrible prueba que le vino).

El que no devuelve la prenda comete el pecado de omisión del que nos habla Santiago 4:17 "Y al que sabe hacer lo bueno, y no lo hace, le es pecado".

He observado que muchos utilizamos mal el mensaje de Santiago 4:17 haciéndonos nosotros mismos culpables y culpando a otros; porque lo utilizamos para imponernos unas cargas que nosotros mismos no las podemos llevar perfectamente, porque solamente podemos lograr en parte. Estas cosas incluyen, entre otras:

a. Visitar los enfermos
b. Darle de comer a los hambrientos
c. Darle de beber a los sedientos
d. Orar por todos
e. Asistir a todas las reuniones de la Iglesia
f. Y así por el estilo

En fin, utilizamos el mensaje de Santiago 4:17 para sentirnos siempre culpables, porque nos cansamos y nos frustramos al darnos cuenta que hay algo que quisiéramos haber hecho, pero no lo hicimos; y eso nos frustra. Sin embargo, Dios sale a nuestro rescate con un mensaje sencillo y fácil en Ezequiel 18:7, 12: que si no estamos devolviendo la prenda, que la devolvamos. Al devolverla, **no seguimos haciendo lo que sabemos que está mal**; porque el que sabe lo que es bueno y no lo hace, le es pecado.

¿Qué más estaban haciendo mal nuestros hermanos judíos en el tiempo de Ezequiel 18?

¡La usura!

¿Qué es **usura**?

El diccionario nos dice que **usura es la práctica abusiva que consiste en prestar dinero a un interés excesivo, o en condiciones leoninas.**

¿Qué son condiciones leoninas?

Condiciones leoninas se dice del contrato que ofrece todas las ventajas a una de las partes, sin la adecuada compensación de la otra. O sea, que se trata de contratos injustos.

Hoy día se hacen muchos contratos injustos que son permitidos por la ley. ¡Aunque la ley del hombre le permita hacer un contrato injusto, no lo haga! No sea culpable ante Dios de tomar ventajas de los demás. No prepare contratos con letras pequeñitas diciendo que es responsabilidad del que toma prestado leer todo antes de firmar. A Dios no le agrada eso. No preste dinero cobrando el interés más alto que le permita la ley para aprovecharse de los pobres.

Si su negocio no es prestar, preste sin cobrar intereses, o regale.

Si su negocio es prestar dinero, cobre el interés más bajo que le permita la ley. No amenace al que le toma prestado, si se atrasa. Le puede recordar que está atrasado, porque es posible que se le haya olvidado. Muchas personas que tienen que recurrir a pedir prestado son malos administradores. No son tan organizados, y son de los que no se recuerdan dónde pusieron los papeles importantes. Si tiene que cobrarles, cóbreles cristianamente. Deles prórrogas, porque quizá las necesiten.

¿Qué debemos hacer para lograr la gloria?

Cumplamos bien todas las instrucciones que encontramos en la Palabra: No sigamos haciendo lo que sabemos que está mal; porque el que sabe lo que es bueno y no lo hace, le es pecado; y el alma que pecare, morirá.

Algunas de las grandes manifestaciones del siglo veintiuno

Una de las manifestaciones de este siglo es la presentación de la distinción de la Divinidad como La Esencia Espiritual Cognoscitiva que siempre ha existido.

Observe que antes de ahora nadie había propuesto que Dios es la Esencia Espiritual Cognoscitiva. Este es un concepto nuevo. ¡Gloria a Dios!

La idea de que Dios existe y que es un Dios en tres personas: Padre, Hijo y Espíritu Santo, no fue originaria de los judíos, ni del catolicismo; y menos del protestantismo que sale del catolicismo. Fue la misma Esencia Espiritual Cognoscitiva quien lo expuso de manera indirecta en las Escrituras Sagradas desde siglos pasados. Poco a poco, el catolicismo fue capaz de descifrar el concepto de la Trinidad que ya estaba implícito en las Escrituras; y lo presentaron como un concepto doctrinal en su Credo

Apostólico, aun sin entenderlo o sin comprenderlo a cabalidad.

Aunque es cierto que nadie puede entender a cabalidad la doctrina de la Trinidad, las ilustraciones presentadas en el librito de la Iglesia de Dios "El Tercer Día": *Church of God "The Third Day"* deben haber puesto a pensar a toda la creación inteligente de Dios: a los seres terrestres y los extraterrestres.

Usted me dirá: ¿Usted cree en extraterrestres, hermano Rodríguez?

Y le responderé: Sí, los ángeles de Dios – aunque hayan algunos en la tierra – donde ellos moran, es en otro lugar que está fuera del planeta tierra; y eso los hace ser seres extraterrestres.

Cualquier clase de seres inteligentes que piensen que ellos están a cargo del planeta tierra y de la creación humana, se equivocan. Aquí el que está a cargo es la Esencia Espiritual Cognoscitiva, que en la Biblia se nos presenta como Jehová Dios de los ejércitos. Amén.

Otro preguntará: ¿A qué ilustraciones se refiere?

Y le contestaré: Será que no ha leído el librito todavía.

Si lo leyó, ¿no se acuerda del círculo con los tres triángulos dentro del círculo que no tocan las esquinas, porque siguen conectados con la misma esencia?

Si lo leyó, debe acordarse del globito que al expandirse forma dos dedos o espacios más, mientras continúan bajo la misma Esencia. Si no lo ha leído, léalo por favor.

¡Esa es otra de las grandes manifestaciones de este siglo!

Nadie entendía cuándo, ni cómo fue que surgió, o en qué momento se realizó lo que el Padre le dijo al Hijo: "Yo te engendré hoy."

Las referencias están en el Salmo 2:7; Hebreos 1:5; 5:5, que dicen:

"Yo publicaré el decreto; Jehová me ha dicho: Mi hijo eres tú; yo te engendré hoy" (Salmo 2:7).

¿"Porque a cuál de los ángeles dijo Dios jamás: Mi Hijo eres tú, yo te he engendrado hoy?" (Hebreos 1:5).

"Así tampoco Cristo se glorificó a sí mismo haciéndose sumo sacerdote, sino el que le dijo: Tú eres mi Hijo, yo te he engendrado hoy." (Hebreos 5:5).

Fue en el momento de la creación de la materia que el Padre dijo esto de su Hijo, porque antes de la creación no había necesidad de la Esencia Espiritual Cognoscitiva quedar representada como Padre, Hijo, y Espíritu Santo. No fue un engendro literal. El Padre no tuvo sexo con una Madre para que naciera un Hijo literal.

"Yo te engendré hoy" es una expresión figurativa que

implica la intención del Padre de darle la salvación al ser humano mediante la presentación de la segunda persona de la Divinidad. El Hijo nunca fue creado, sino que le fue presentado a la humanidad en la creación. La segunda persona de la Trinidad existía por la eternidad junta con la primera y la tercera.

No fue cuando Jesús nació de la mujer María que se representa a la segunda persona de la Trinidad como el Hijo de Dios primeramente, fue en la creación. María no puede ser la madre de Dios, porque ella vino al mundo solamente hace un poco más de dos mil años atrás; y creer que María existió antes de la creación de la materia, es una fe ciega o irracionable (disculpe el que se ofenda, si es que alguno cree que María, la madre de Jesús existió desde antes que Dios creara la materia).

El argumento católico de que María es la madre de Dios porque fue la madre de Jesús y Jesús es Dios, es fácilmente contrarrestado con la verdad de que Jesús nació siendo Dios-hombre. Cuando Jesús vino al mundo, no era Dios-Dios, sino Dios-hombre, porque fue humano; y como tal, con capacidades limitadas. Por lo tanto, María fue la madre del ser humano quien cuando nació, su padre humano adoptivo, José, le puso el nombre de Jesús, según fue instruido por el ángel (Mateo 1:21,25).

Este hijo adoptivo de José y de la madre humana María, nació con la capacidad de poder retornar a ser el Ser Divino, el Hijo Unigénito del Padre, la segunda persona de la Trinidad, tan pronto resucitara entre los muertos. En otras palabras, Jesús no dejó de ser divino mientras fue humano. La divinidad y la humanidad son dos categorías diferentes. Por eso podemos decir que Jesús era cien-por-ciento divino y cien-por-ciento humano en la manera similar en que me puedo describir que soy cien-por-ciento hombre y cien-por-ciento puertorriqueño; porque son dos categorías diferentes. Él fue divino con la limitación de humano mientras estaba en la tierra; y fue humano con la capacidad de retornar a ser divino cuando el Padre lo resucitara de entre los muertos.

El Padre lo determinó de esa manera desde la creación, porque el ser humano necesitaría respetar un orden para poder subsistir en la tierra; y esta explicación, mis amadas hermanas y hermanos en el Señor, necesariamente es otra de las grandes manifestaciones del siglo veintiuno.

¿En qué otra ocasión, o en qué otro tiempo alguien había explicado esto de la manera que envuelva el término de Esencia Espiritual Cognoscitiva? Nunca antes había sido explicado, porque esta es otra de las manifestaciones del siglo 21.

¿Dónde se representa al Espíritu Santo como la tercera persona de la Divinidad? ¡Lea Génesis 1:2, 26.

Dicho con palabras similares: otra de las grandes explicaciones de este siglo es que cuando la Esencia Espiritual Cognoscitiva decidió crear la materia, ya tenían en mente crear seres humanos quienes necesitarían un orden para que pudieran subsistir en armonía. Fue precisamente al crear la materia, cuando Dios se identifica como Padre, como Hijo y como Espíritu Santo; y de ahí en adelante todas las Sagradas Escrituras hablan de la importancia de mantener ese orden.

Otra de las grandes aclaraciones del siglo veintiuno es que este es el tiempo de Dios para revelarle a sus profetas actuales los mensajes que ya estaban escritos en las Sagradas Escrituras, pero que han estado espiritualmente cerrados y sellados; y por esa razón nadie las podía ver, por inteligente y espiritualmente devoto que alguien fuera.

Muchos leen en Hechos 1:6,7 "Entonces los que se habían reunido le preguntaron, diciendo: Señor, ¿restaurarás el reino a Israel en este tiempo? Y les dijo: No os toca a vosotros saber los tiempos o las sazones, que el Padre puso en su sola potestad." Luego creen que lo que nuestro Señor resucitado les dijo a los afortunados discípulos quienes tuvieron la dicha de ver y oír al Salvador del mundo hace más de dos mil años, se lo está diciendo a todos los creyentes de todos los tiempos; y eso es un error.

Estos muchos que leen, no toman en consideración que ya pasaron más de dos mil años; y que a nosotros nos puede corresponder llegar a saber algo más acerca de "los tiempos y las sazones". El Padre puede querer revelar lo que antes no permitió que fuera visto, siendo que Él tiene toda la autoridad para hacerlo. Por esa razón, los que no aceptan que algo nuevo pueda ser revelado, en realidad le están poniendo límites al poder de Dios; y eso es otro error.

¡Léase el librito Iglesia de Dios "El Tercer Día" *Church of God "The Third Day"*! Por la página 147, 148 por ahí, donde aparecen los detalles del papel que juegan las parábolas de Jesús en este asunto.

¡Más referencias que también contienen profecías!

Muchas porciones bíblicas de ambos testamentos contienen un mensaje profético. Además de las profecías obvias, también existen muchas que son imposibles para ser apreciadas sino hasta su debido tiempo. Dios quiere mantener algunas no reveladas hasta que llegue el tiempo apropiado en el que deben ser explicadas.

Es increíble que estando a plena vista todo este tiempo, a nadie se le permitió encontrarles el mensaje profético que algunas contienen, sino hasta ahora. El que nos creó sabe cómo controlar nuestra mente y nuestro entendimiento (Lucas 24:16).

El Hno. José Luis Rodríguez Calderón piensa que encontró algunas de ellas; y las presentó en el pequeño escrito: La Iglesia de Dios "El Tercer Día": *Church of God "The Third Day"*. Pero además de leer lo que dice ese importante librito, lea también toda la Biblia. Al comparar las referencias con la Biblia, posiblemente opine que se trata sólo de ingenuas sugerencias. Sin embargo, también es posible que se dé cuenta que es verdad que estamos viviendo en el tercer día profético. Algunos de los pasajes tomados del librito y que hacen referencia indirecta a esta verdad son:

a. Josué 1:11
b. Josué 2:16,22
c. Jueces 16
d. Jueces 20:29
e. 1 Samuel 3
f. 1 Samuel 9:20
g. 1 Samuel 11:11
h. 1 Samuel 19
i. 2 Samuel 24
j. 1 Crónicas 21
k. 1 Reyes 2:39, 46
l. 1 Reyes 17
m. 1 Reyes 18:1
n. 2 Reyes 1
o. 2 Reyes 2
p. 2 Reyes 9
q. 2 Reyes 19: 29-31
r. 2 Reyes 20:5
s. Isaías 16:14
t. Isaías 20:2,3
u. Oseas 6:2
v. Jonás 3:3
w. Salmo 90:4
x. Daniel :5
y. Mateo 13:33
z. Mateo 26:34

aa. Mateo 27:45

ab. Lucas 12:38

ac. Lucas 13:32,33

ad. Lucas 27:4

ae. Juan 2:1

af. Juan 11:24

ag. Juan 14:13,14; 15:16; 16:23

ah. 2 Pedro 3:8

¡Pero existen más referencias bíblicas relacionadas! Mi Padre Celestial no me va a permitir que las vea todas. Hay muchas personas al servicio de Dios quienes son mucho más dignas de recibir tales mensajes proféticos. Pienso que deben ser personas que ayunan frecuentemente, que tienen tiempo para pensar y escribir, que oran mucho, que tienen la habilidad de presentar la Palabra con convincente autoridad; porque son respetadas como autoridades en el mundo de la política, de la medicina, de la religión y/o de la filosofía, entre otras.

Por el momento, consideremos también **cuatro referencias más**.

¡Prométame que no se reirá!

Dios es el que sabe si tengo razón, o si me fui muy lejos en la presentación.

La primera está en Mateo 15:32 y en Marcos 8:2,3

Aquí la Santa Palabra nos dice que Jesús llamando a sus discípulos les dijo: "Tengo compasión de la gente, porque ya hace tres días que están conmigo, y no tienen qué comer; y enviarlos en ayuna no quiero, no sea que desmayen en el camino, pues algunos de ellos han venido de lejos."

¡Qué maravillosa es la Palabra del Señor! Ya hacen "tres días", hacen más de dos mil años que nuestro Señor se fue al cielo; y no ha regresado. Los que le seguimos estamos muy hambrientos de justicia y cansados. Muchos han sido cristianos toda una vida (representando a los que vienen de bien lejos); y todos estamos a punto de desmayar en el camino. ¿Quién no desmaya con tantos arrogantes y mentirosos religiosos y políticos?

¿Cuántos líderes no habrán puesto en duda lo que la Biblia dice con respecto a la segunda venida de Cristo? Por esa razón, todos deben leer bien este libro y darle gracias a Dios que declaró esta verdad. ¿Por qué Dios muestra esta verdad ahora? ¡Preguntémosle a Él!

Si contestamos nosotros mismos, tal vez "demos en el clavo", pero no estaremos seguros de eso. Posiblemente lo hizo porque está a punto de enviar a su Hijo. Es factible que quiera que mucha gente entienda que no debemos desesperarnos tanto por su venida, sino en que entendamos que nuestra vida es corta; y no debemos desperdiciarla. Después de todo, es posible que llegue el año 2999 y todavía Él no haya regresado. Dios quiere que entendamos esto ahora.

Nos preguntamos, ¿Por qué el Señor esperó tres días desde que las multitudes empezaron a seguirle, para preocuparse por satisfacer el hambre de ellos? ¿Sería que las provisiones que ellos habían traído se les acabaron al tercer día? ¡Eso es posible! Pero resulta maravilloso creer que el incidente lo utilizó el Dios del cielo para ilustrarnos que será al tercer día que la provisión especial del Cielo le llegará al pueblo escogido. ¿Por qué usted no puede creer eso? ¿Qué daño le haría creerlo así? ¿Qué pierde con creerlo? Nada perdería con creerlo. Si tiene orgullo interpretativo que no acepta esta nueva explicación, le aconsejo que lo someta a Dios. Recuerde que cuando hablamos de "orgullo" este es muy dañino para los seres humanos y para los ángeles de Dios.

¡Gloria al Rey que viene pronto!

La segunda referencia está en los sinópticos.
Esta se encuentra en las tres ocasiones en las que
Jesús le predijo a sus apóstoles
que él moriría en manos de hombres

Primera ocasión: Mateo 16:21; Marcos 8:31; Lucas 9:22

Segunda ocasión: Mateo 17:22,23; Marcos 9:31; Lucas 9:44

Tercera ocasión: Mateo 20:18; Marcos 10:33; Lucas 18:33

No nos debe parecer una casualidad que Jesús les dijera exactamente tres veces a sus apóstoles que sería entregado en manos de los hombres quienes le matarían. Sin lugar a dudas, ellos no entendían que les hablaba con palabras proféticas. Nos declara la Santa Escritura que el entendimiento de ellos estaba velado o segado porque no les correspondía a ellos entender estas cosas. A este efecto nos declara Lucas 18:34 "Pero ellos nada comprendieron de estas cosas, y esta palabra les era encubierta, y no entendían lo que les decía."

Tampoco nos debe parecer increíble que el propósito de la publicación de este escrito es para que esta verdad no le sea encubierta al pueblo de Dios por más tiempo, sino que todos entiendan que nuestro Señor Jesucristo regresará en este tercer día profético, o tan pronto este se termine.

La tercera referencia está en el capítulo 10 del libro de los Hechos

Lea Hechos 10 completo; y se enterará de que **como a las tres** de la tarde un centurión llamado Cornelio tuvo una visión (Hechos 10:3).

¿Cuántos creen que Dios puede darle visiones significativas a la gente que se porta bien?

Yo lo creo; y las he tenido personalmente. ¿No las ha tenido usted?

Pero antes que me rechace, recuerde que Dios le puede dar una visión a cualquier persona que le tema y que hace justicia, **sin importar de la nación que sea** (Hechos 10:34,35).

Hechos 10 es uno de los capítulos que contiene profecías que no son tan obvias, pero que **en este tiempo**

Dios nos permite ver que el capítulo está enfatizando la relevancia de tres días proféticos relacionados con la próxima venida de Cristo a la tierra.

Observe que fue más o menos **a la hora novena del día** que Cornelio tuvo la visión. Esto se entiende que fue como **a las tres** de la tarde (Hechos 10:3).

Observe, además, cómo a Pedro estando bajo el efecto de un éxtasis o trance, se le presentó **tres veces** la visión de un lienzo lleno de animales, reptiles y aves; y a Pedro se le ordenó que matara y comiera. Luego de las tres veces, el lienzo volvió a ser recogido en el cielo (Hechos 10:16).

Como si esto fuera poco, el capítulo enfatiza que eran **tres hombres** los que vinieron buscando a Pedro (Hechos 10:19).

Sugiero que tantas presentaciones de tres esto, o de tres aquello, no son presentadas por la casualidad. Lo inspiró el Espíritu Santo de Dios para que todo sucediera en armonía con los planes eternos de nuestro perfecto Dios. Si usted no puede creerlo, yo sí lo creo; y por eso lo escribo. Sé que a su debido tiempo, Dios me recompensará de acuerdo a su justo juicio.

Sostengo, que así como el lienzo lleno de cuadrúpedos terrestres y reptiles y aves del cielo fue recogido en el cielo a la tercera vez de haber sido dada la visión, en este tercer día profético o tan pronto éste se termine, Dios va a recoger al cielo a su pueblo compuesto de personas de todo pueblo, lengua y nación.

La cuarta referencia está en Hechos 17:2

Aquí encontramos a Pablo discutiendo con judíos en una sinagoga de Tesalónica.

¿Usted cree que fue por pura casualidad que Pablo discutió con ellos por **tres días de reposo**?

De seguro muchos dirán: Todo esto fue pura coincidencia. No meta al Espíritu Santo en esto.

Y les contesto: ¡No, no fue por pura casualidad! Fue que el Padre inspiró todos los hechos para indicarnos también la relevancia de tres ocasiones como ilustraciones o reflexiones de sus planes eternos; y en el cielo veremos quién tiene la razón.

¡Y a su Nombre, gloria!

Epílogo

¡La Iglesia de Dios "El Tercer Día" acaba de recibir una información impresionante!

Dios le revela sus secretos a sus siervos los profetas (Amós 3:7). Una persona puede dar una profecía que se cumpla, pero eso no lo hace ser un profeta.

No pecamos al comparar lo que se nos instruye hacer con lo que nos dice la Palabra de Dios. Si no harmoniza, lo podemos rechazar sin temor alguno. Es mejor estar dispuesto a menguar en nuestro avance ministerial ante los hombres, como hizo Juan el Bautista, antes de procurar crecer "lambiéndole el ojo" a nuestros líderes políticos y religiosos. Lo importante es que la verdad (Jesucristo) sea exaltado en todo tiempo.

No existe una religión perfecta, pero podemos aprender los unos de los otros.

Algunos nos aconsejan que no le pidamos a Dios paciencia, pero esta es necesaria; y no está demás que la pidamos.

El problema de las recientes tragedias en los Estados Unidos de América, y de problemas similares en el mundo entero, se puede resolver en gran medida, exponiendo a los niños a observar la buena ética modelada en el hogar. Es una gran idea, que ellos desde la temprana edad vayan comprendiendo las verdades éticas que enseña la Biblia; y luego, más adelante, exigirles la aprobación de cursos cristianos enseñados por autoridades teológicas cristianas, y no por ateos.

Dios nos ve y nos escucha todo el tiempo. Todo lo que decimos y hacemos nos traerá repercusiones que pueden ser favorables o adversas, en conformidad con el bien, o con el mal que dijimos o hicimos.

La salvación está bien definida, y aplica a los tres tiempos: pasado, presente y futuro.

El llamamiento de Dios es irrefutable para algunos y refutable para otros.

Este libro explica la razón por la que Jesús dijo que el más pequeño en el reino de los cielos es mayor que Juan el Bautista. Mientras que al parecer, todos los comentaristas se van "por la tangente" concluyendo que Juan es el menor en el reino de los cielos porque fue el último de los profetas del tiempo de la ley y no llegó a vivir bajo la Gracia, el autor de este libro alude a la respuesta que armoniza mejor con el Salmo 8:5.

La predestinación no es injusta, porque a todos se nos da la oportunidad de elegir si queremos lograr la gloria, o si no nos importa.

Muchos interpretan incorrectamente el mensaje de Santiago 4:17, no percatándose de que no se trata de un listado de cosas que debemos hacer diariamente, sino de dejar de hacer aquello que sabemos que está mal. Una buena aplicación a Santiago 4:17 la encontramos en Ezequiel 18:7,12.

La Divinidad se compone del Padre, del Hijo, y del Espíritu Santo (la Trinidad). Aunque muchos se burlan del concepto trinitario, la presentación de la Esencia Espiritual Cognoscitiva con sus ilustraciones tiene más sentido que lo que hasta el momento las diferentes religiones han propuesto.

En la Biblia hay muchas profecías "escondidas" que paulatinamente Dios se las ha ido mostrando a sus hijos. Muchas de ellas están presentadas en el libro: Iglesia de Dios "El Tercer Día" *Church of God "The Third Day"*; y otras sorprendentes cuatro más están presentadas en este volumen.

Que existan algunas casualidades, eso es de esperar. Sin embargo, el que observemos tantas repeticiones al mismo número de veces, dicho de diferentes maneras, y en diversos o distintos tiempos, nos debe hacer pensar que la intención del Autor de la Biblia es que logremos comprender un mensaje importante en el tiempo apropiado.

Entiendo que es más fácil para el lector rechazar estas observaciones y explicaciones que recibirlas como verdades bíblicas. Comprendo que son explicaciones que no surgieron del concilio o en la denominación religiosa a la que pertenece el lector. En mi caso, no tengo problema alguno aceptándolas como magníficas explicaciones que antes no habían sido dadas. Sé que la Palabra de Dios es viva y eficaz; y usted también debe creer eso.

Continúo perplejo cada vez que encuentro alguna referencia bíblica que presenta la posibilidad de contener un mensaje profético. Para poderlo ver, necesito mirar por encima de lo obvio en algunos casos. Por ejemplo, cuando leo Génesis 42:17, me pregunto: ¿Qué necesidad tenía José de asignarle exactamente tres días de cárcel a sus hermanos, a no ser que los tres días tuvieran un significado simbólico en los planes eternos de nuestro Creador? Lo obvio sería decir que es una casualidad, que simplemente José decidió asignarle tres días; que bien pudo haberles asignado uno, dos, cuatro, o los que él pensara mejor. O tal vez, diríamos que "tres" eran los días que normalmente se le asignaban de cárcel a los espías en aquel tiempo; o lo explicaríamos de cualquier otra manera. Sin embargo, pienso que José les asignó tres días porque esos días tienen un significado simbólico en los planes eternos de nuestro Creador. Por supuesto, ni José ni los personajes envueltos en este tipo de análisis sabían que las experiencias que ellos vivieron iban a ser escritura sagrada que contendrían mensajes proféticos.

¡Este es el tiempo apropiado para entender estas cosas! Les pido, que no las rechacen.

¡Únete, Iglesia de Dios del Tercer Día! ¡Extiende el significado de estas explicaciones! Prometo que no me pondré celoso.

¡Ayúdame, Iglesia de Dios! Que alguien nos explique cómo se relacionan los tres ministerios de nuestro Señor Jesús (Profeta, Sacerdote, Rey) con los tres días proféticos. Pienso que cada uno de los ministerios de nuestro Señor Jesucristo es aplicable a cada uno de los milenios. Esto no es para que nos volvamos locos. Esto sucede para que sigamos admirando cuán grande es Dios.

Gracias por su paciencia, y por leer y escudriñar las Escrituras. Sin lugar a dudas, eso es lo que Dios quiere que creamos; y nos amonesta a estar listos para morir y para celebrar las Bodas del Cordero.

¡Gloria a Dios!

Referencias

1 Santa Biblia Holy Bible New International Version Revisión de 1960

2 Iglesia de Dios "El Tercer Día" *Church of God "The Third Day"*, eltercerdia.org

3 El Pequeño Larousse Ilustrado Edición Centenario 2005, Página 907

4 Catholicism for dummies, A Wiley Brand, 4th Edition, by Rev. Fr. John Trigilio, Jr., PhD, ThD, and Rev. Fr. Kenneth Brighenti, PhD, Souls in purgatory, Page 336

5 The Bible A to Z *Bible Facts at Your Finger*tips; Celil Murphey, Gary Huffman, Lynn James, June Eaton, Barbara Roberts Pine, Gary Burge, Ph. D.

6 Biblia anotada de Scofield, La Santa Biblia, Revisión 1960, Página 956

7 Comentario Bíblico de Matthew Henry *Obra completa sin abreviar* (1999) Página 1072

8 Comentario Bíblico Moody *Nuevo Testamento*, Everett F. Harrison, Editorial Portavoz, 1971, Página 5

9 Pearlman, Myer (1995) A través de la Biblia *Libro por Libro*, Página 187, segundo párrafo

10 WPJL Christian Radio 1240 AM, William Suttles, "Raleigh Institute of Biblical Studies" (RIBS)

[11] El Pequeño Larousse Ilustrado, Edición Centenario 2005, Página 822

[12] Biblia anotada de Scofield, La Santa Biblia, Revisión 1960, Página 1207

[13] El Pequeño Larousse ilustrado Edición Centenario 2005, Páginas 825-826

Printed in the United States
by Baker & Taylor Publisher Services